지평적 자유를 찾아서

재정적 자유를 찾아서

돈 페일러 지음
김동성 옮김

아름다운 사회

완벽한 평생직업을 위한
재정적 자유를 찾아서
....

1판 1쇄 인쇄/2001년 08월 27일
1판 3쇄 발행/2002년 02월 10일

지은이/돈 페일러
옮긴이/김동성
발행인/박창조
발행처/**아름다운사회**

등록일자/1995년 7월 19일
등록번호/제5-180호

경기도 하남시 감북동 344-10(㉾465-180)
대표전화/(02)488-4638 팩시밀리/(02)488-4639
홈페이지/http://www.bizbooks.co.kr
E-mail/scj200@naver.com

Korean Translation Copyright © 2001 by Beautiful Society Publishing Co.
Printed & Manufactured in Seoul, Korea.

이 책의 한국어판 저작권은 도서출판 **아름다운사회**에 있습니다.
저작권법에 의해 한국 내에서 보호를 받는 저작물이므로
무단전재와 무단복제를 금합니다.

ISBN 89-89724-19-8(03320)

값 6,000원

※ 잘못된 책은 교환해 드립니다.

돈 페일러의 메시지

재정적 자유! 참으로 근사한 말이죠?

당신은 재정적 자유의 진정한 의미를 알고 있습니까? 자유롭고 깨끗한 당신의 집과 자동차를 가지면 어떠할지 상상해보신 적이 있습니까? 신용카드 사용금액이 모두 결제되어 단 한 장의 미지불 청구서도 날아오지 않는다는 것이 어떤 것인지 알고 있습니까?

당신은 은행에 넉넉한 여유자금이 있습니까? 매달 더 많은 돈이 들어오고 해가 바뀔 때마다 훨씬 더 크게 불어나는 그런 돈 말이죠. 당신이 정말로 중요하게 생각하는 일들을 할만한 자유시간은 어떨까요? 당신이 집에서 여유시간을 이용하여 이 모든 것을 얻을 수 있다면?

누구나 할 수 있고 쉽게 배울 수 있으며 남는 시간에 할 수 있고 더욱이 배우면서 돈을 벌 수 있는 그런 일이 있을까요? 더 나아가 재미도 있는 일 말입니다!

여러분, 그러한 삶이 당신을 위해 준비되어 있습니다.

당신도 알다시피 그것은 저 자신과 아내 낸시 그리고 우리의 많은 친구들이 지금 누리고 있는 라이프스타일 입니다.

하지만 얼마 전까지만 해도 우리 역시 대부분의 다른 사람들처럼 전망도 없는 일에 매달려 다람쥐 쳇바퀴 돌듯 판에 박힌 일을 하고 있었습니다. 그것도 엄청난 스트레스를 받아가면서 말이죠.

하지만 우리는 지금 완전한 **재정적 자유**를 누리고 있습니다. 우리는 이 풍요로움을 만들어내는 방법을 알기 때문에 당신과 같은 많은 사람들을 도우려는 것입니다. 우리가 받은 축복에 대해서는 그저 **감사하다**는 말밖에 나오지 않습니다.

만약 당신이 진정으로 재정적 안정을 원한다면 이 책을 읽으시기 바랍니다.

 차례

돈 페일러의 메시지

서론
제1장 당신은 지금 어디에 서 있는가? ··15
제2장 당신은 지금 원하던 대로 살고 있는가? ··27
       인생의 주요 질문들
제3장 당신은 어떻게 현재의 위치에 서게 되었나? ··43
       당신은 어떤 선택을 하고 있는가?
제4장 당신의 독특한 점을 찾아라 ··59
       결과에 대한 책임감을 배워라

제5장 풍요로운 삶을 살고자 한다면? ··63
생각이 풍요로운 사람
과정 1 : 투자원칙을 배워라
과정 2 : 진취적인 생각을 개발하라
과정 3 : 당신 자신의 철학을 세워라
과정 4 : 당신의 완전한 미래를 설계하라

제6장 자유와 공헌을 위한 수단 ··103
세상은 시장, 우리는 모두 소비자
두 가지 부류의 생활방식
과연 완벽한 평생직업이 될 수 있을까?
누가 그러한 사업을 하고 있는가?
마케팅이란 무엇인가?
네트워킹이란 무엇인가?
네트웍 마케팅이란 무엇인가?
네트웍 마케팅 사업자는 무엇을 하는가?
복제의 힘이 사업을 굴러가게 한다
후원이라는 것
얼마나 오래 배워야 하나?
얼마나 벌 수 있는가?
오류, 거짓말 그리고 오해
어떻게 시작할 것인가?
무엇이 나를 확신케 했는가?
이 계획을 따른 소수의 사람들
낸시의 메시지

제7장 지금이 아니면 언제? ··181
우리의 희망, 당신의 삶 그리고 도전
당신의 손안에 있는 비둘기
우리의 마지막 도전

 서론

당신의 라이프스타일 리더를 만나라

어쩌면 당신은 '잘 사는 방법'을 이미 알고 있다고 생각할지도 모릅니다. 그리고 몇 년째 그러한 인생을 살아보려고 발버둥치고 있을지도 모릅니다. 하지만 아직까지 당신이 그러한 삶을 살지 못한다면 우리에게 관심을 가져보십시오. 우리가 당신을 도와드릴 수 있습니다.

수년동안 우리는 '성공'과 '행복'을 찾기 위해 녹초가 될 정도로 많은 노력을 기울여 왔습니다. 그 과정에서 때로는 좌절을 겪기도 했고 혹은 낙심을 하거나 실패의 쓰라림도 맛보았습니다.

하지만 오늘, 우리는 경이롭고 아름다운 삶의 정상에 우뚝 서 있습니다. 무엇보다 놀라운 사실은 우리가 그곳에 이르는데 결코 오랜 시간이 걸리지 않았을 뿐더러 거기에 이르는 빠른 방법도 알게 되었다는 점입니다.

우리가 어떻게 그것을 이룩했는가 하는 것은 이 책에 자세하게 적혀 있습니다. 우선 편하게 앉아서 긴장을 풀고 집중하려 노력해 보십시오.

우리는 우리의 행운에 감사를 드립니다.

우리는 이제 바른 길을 찾았기에 당신에게 기꺼이 그 길을 알려주려는 것입니다.

우리는 **당신**의 삶을 풍요롭게 해줄 뿐만 아니라, 당신에게 영감을 주어 가능한 한 많은 사람들과 **보다 나은 삶에 이르는 길**을 공유하도록 할 생각입니다.

당신이 이것을 나누면 행복은 점점 퍼져나갈 것입니다. 그리고 당신은 당신 자신의 삶뿐만 아니라, 다른 사람들의 삶도 바꿔놓을 수 있을 것입니다.

사람들은 간혹 저에게 직업이 무엇이냐고 묻습니다. 그러면 저는 이렇게 대답합니다.

"**라이프스타일 리더**입니다. 왜냐하면 우리는 사람들이 풍요롭게 살도록 도와주고 또한 남보다 탁월하게 살아갈 수 있도록 '성공사고'를 가르치니까요."

그러면 대부분의 사람들은 '성공사고'가 무엇이냐고 묻습니다.

그것은 두 가지로 설명할 수 있는데, 첫째는 '**아는 것**'이고 둘째는 '**기술**'입니다. 성공사고를 위해 당신은 두 가지 모두를 지니고 있어야 합니다. 제 아내 낸시와 제가 당신에게 가르치는 것도 바로 이것입니다. 당신이 앎의 영역을 넓혀나가고 독특한 기술을 개발하는 것, 그것이 바로 당신을 다른 사람과 다르게 만드는 요인입니다.

특별한 보상을 받을 만한 청중들에게

우리가 경험한 '흥미로운 삶의 원칙'들을 누구나 사용할 수 있도록 공평하게 제공하고 싶습니다. 특히 여성, 소수민족, 중년층, 장애를 갖고 있는 사람들 그리고 별다른 특권을 갖지 못한 평범한 사람들에게 우리의 메시지를 전하고자 합니다.

왜냐하면 요즘처럼 치열한 경쟁사회에서는 당신을 포함한 많은 사람들이 높은 수준의 경제적 자유를 얻는 것이 매우 어려운 일임을 잘 알고 있기 때문입니다.

우리의 마음은 여러분 한 사람 한 사람을 향해 활짝 열려 있습니다.

만약 당신이 예리한 눈과 신뢰하는 마음으로 이 책을 읽고 우리의 교훈을 받아들여 노력해 나간다면 당신의 삶은 상상처럼 아름답고 충분히 보상받는 삶이 될 것입니다. 우리는 이것을 절대적으로 확신하고 있습니다.

우리의 목적 그리고 약속

오늘날에는 사회의 어디를 둘러보아도 근로자들과 주부들의 근심이 날이 갈수록 늘고 있습니다. 대부분의 경우, 그들의 삶은 제대로 영위되지 못하고 늘 바삐 움직여야만 합니다. 즉, 엄청난 요구사항과 스트레스에 시달리고 있는 것입니다.

특히 직업과 직장의 미래가 매우 불확실하기 때문에 그것으로부터 삶을 보장받는다는 것은 이제 기대하기가 어렵습니다.

　더불어 인생을 즐기고 누군가를 사랑하며 살아갈 여유가 거의 주어지지 않습니다. 그리하여 사람들은 고통을 받고 있고 자신의 삶을 제대로 조절하지 못하고 있습니다. 그리고 수많은 정보들이 쏟아져 들어오지만 무엇을 믿어야 할지 알 수 없습니다.

　하지만 우리는 그 모든 문제에 대해 명쾌한 해답을 제시할 겁니다.

　이 방법은 매우 단순하지만 진정으로 보상받는 삶을 원하는 분들께는 분명히 효과가 있을 것입니다.

　이 책을 통해 우리는 당신에게 삶의 핵심적인 질문들을 제기할 것입니다. 그리고 그러한 질문들은 당신이 지금 어디에 서 있는지, 정말 어디를 향해 가고 있는지 멈춰 서서 생각해 보도록 만들 것입니다.

　더불어 당신과 비슷한 문제를 안고 있으면서도 삶 속에서 놀랄만한 변화를 체험한 사람들의 진실한 고백도 접하게 될 것입니다. 그리고 당신은 그들이 따랐던 계획들을 보게 될 것입니다.

　우리는 당신에게 현재의 삶을 검토해 보고 진정한 삶의 즐거움을 되찾는 법을 말해줄 것입니다. 또한 어떻게 하면 큰돈을 벌 수 있는지 그리고 돈에 대한 근심으로부터 벗어나 당신이 바라는 삶을 되찾는 법을 말해줄 것입니다.

　더 나아가 다른 사람들이 당신처럼 즐겁고 보상받는 인생을 살도록 이끌어줌으로써 당신이 얻게 되는 만족감에 대해서도 이야기해 줄 것입니다.

　이 책은 당신의 잠재성, 당신의 삶 그리고 당신이 다른 사람을 도움으로써 얻게 되는 만족감에 대한 내용으로 구성되어 있습니다.

따라서 이 책의 내용을 실천하는 당신의 삶은 함께 하는 공유의 개념으로 더욱더 풍요로워지고 재정적인 자유를 달성하는 길을 만나게 될 것입니다. 당신이 조금만 주의를 기울인다면 지금까지 상상했던 그 어떤 것보다 더 큰 보상을 얻게 될 것입니다.

도전하라

누군가가 당신에게 이 책을 주었다면 그는 당신의 행복과 번영에 대해 커다란 관심이 있다는 증거가 됩니다. 그리고 만약 당신의 마음이 이 책을 향해 열려 있다면 그들은 당신을 도울 수 있을 것입니다.

그러므로 과거의 사고방식이나 편견에 사로잡혀 이 책의 내용을 터부시하지 말고 꼼꼼하게 배우고 익히는 시간을 갖기를 바랍니다.

기회를 만드십시오. 결코 후회하지 않을 것입니다.

재정적인 성공은 당신이 그것을 어떻게 정의하든 당신을 재정적 안정의 길로 이끄는 확실한 계획과 그에 따르는 지식을 통해 얻어지는 것입니다.

따라서 우리는 그러한 사실이 증명된 시스템을 보여주고 당신이 그러한 시스템에 도전하도록 이끌고자 합니다.

우리는 수년간에 걸쳐 재정적 자유를 향한 문이 활짝 열려 있다는 사실을 증명해 왔습니다. 그러기 위해 우리는 이 분야의 잘 알려진 책들을 연구하고 카세트 테이프에 녹음된 것들을 주의 깊게 분석하였습니다. 그리고 우리는 우리가 배운 것을 적용해왔는데, 그것은 확실히 효과가 있었습니다.

하지만 이것은 어디까지나 총론에 지나지 않습니다.

아무리 위대한 생각과 증명된 계획일지라도 당신이 그것을 한 번 보고 그냥 지나쳐버린다면 쓸모 없는 것이 되고 맙니다.

즉 당신이 그것을 당신의 것으로 만들기 전에는 한낱 무용지물에 지나지 않는 것입니다. 그러므로 그러한 기술을 익힌 다음에는 반드시 실천에 옮기도록 하십시오. 그러면 성공의 문은 반드시 당신 앞에 활짝 열려 있을 것입니다.

이 책을 반복해서 읽으십시오.

모든 성공의 원칙들이 당신의 습관이 될 때까지 그것을 계속 읽으십시오.

그러면 당신이 미처 깨닫지 못하는 사이에 당신의 인생에서 벌어지는 놀라운 변화들을 체험하게 될 것입니다. 그러한 변화는 우리뿐만 아니라, 다른 많은 사람들에게도 똑같이 일어났기 때문에 우리는 그 사실을 확신할 수 있습니다.

우리는 이미 그 사실을 알고 있습니다.

그리고 당신도 이제 당신 앞에 무엇이 놓여 있는지 알게 될 것입니다.

이제 당신의 모든 꿈들이 실현될 수 있을 것입니다.

그럼 시작해 볼까요?

제1장
당신은 지금 어디에 서 있는가?

우리는 어릴 때부터 나이가 들어 우리의 이름을 내밀어야 하는 세계에 들어갈 때까지 뭔가를 이해하고 어떤 것을 믿도록 가르침을 받습니다. 그렇게 부모님의 지도와 우리가 받은 교육으로부터 우리의 정신 속에 '성공'에 관한 생각들이 형성됩니다.

그러한 세월을 통해 우리는 '우리를 성공과 행복으로 이끌어줄 방법'이라고 생각하는 것에 대한 믿음들을 만들어왔습니다. 그리고는 마치 양떼처럼 그 길을 줄기차게 걸어왔습니다.

그런데 어떻게 되었습니까?

당신은 꼬불꼬불 먼 길을 돌아 당신이 현재 서 있는 그 자리에 이르렀습니다. 당신은 그 자리에 얼마나 만족하고 있습니까? 그다지 만족스럽지 않은가요? 더 좋아질 수도 있었다고 생각합니까? 아니면, 뭔가 잘못 되어가고 있다고 느낍니까?

혹시 많은 시간과 피땀을 투자했지만 아직 원하는 자리에 도달하지 못했다고 생각합니까? 뭔가 잃어버린 듯한 느낌입니까?

만약 이러한 생각이나 느낌이 든다면 그것은 마치 1톤의 벽돌이 당신을 내리치는 것처럼 무거운 한 가지 사실이 있기 때문입니다. 그 사실은 바로 당신이 잘못된 계획을 따랐다는 것 그리고 잘못된 지식을 습득했다는 것입니다. 또한 잘못된 지도를 손에 쥐고 있었다는 것입니다.

자, 당신이 지나온 과정을 검토해 보며 다시 출발해 봅시다. 즉, 몇 가지 **사실**들을 분석해 보고 당신의 개인적인 비전을 창출하는데 실패한 원인과 관련되어 **거짓**과 **진실**에 대해 탐험하는 것입니다.

먼저 사실에 대해 살펴봅시다.

1. 당신의 기본적인 생존을 위한 필수요건, 예를 들어 의식주 같은 것과 별도로 당신의 가장 본능적 욕망들은

충족되어야 합니다.

물론 행복은 각각의 사람들에게 다른 개념으로 다가오지만, 재정적인 안정은 분명히 우리에게 잘 살고 있다는 느낌을 가져다 줍니다. 하지만 우리 중에 과연 얼마나 많은 사람들이 재정적인 자유를 얻었을까요?

2. 당신은 사랑을 갈망합니다.

사랑은 관심, 인식, 감사, 존경, 환대, 만족감 등 많은 형태로 나타나며 당신은 육체적인 것과 정서적인 것이 당신 자신의 가치로 다시 표현되기를 바랍니다.

3. 당신은 인생의 의미를 필요로 합니다.

그 속에 당신의 삶의 이유와 계획이 있어야 합니다. 인생은 가치 있는 어떤 것이어야 합니다.

4. 우리들은 대부분 생계를 꾸려나가야 합니다.

따라서 당신은 순수입을 가져다 주는 활동에 종사해야 합니다.

5. 공짜로 밥을 주는 곳은 없습니다.

인생은 도전하는 것이고 도전은 당신이 가진 것에 대

해 독특한 무엇인가를 창조하는 것입니다. 물론 어떤 사람은 대가를 지불하지 않고도 즉시 그것 모두를 얻고자 합니다. 그러나 인생은 그렇게 마음대로 되지 않습니다. 그 사실을 똑바로 바라보십시오. 당신이 얼마나 받는가 하는 것은 당신이 준 것을 측정하는 척도입니다.

6. 당신의 시간과 정력, 활력과 재능을 인생의 보배로 바꿔야 합니다.

당신이 현재 누리고 있는 삶과 얻은 결과는 당신 자신의 재능을 얼마나 효율적으로 사용했는가를 보여주는 것입니다.

7. 세상은 공정하지 않습니다.

물론 규칙이 있긴 하지만 그것이 반드시 공평하게 적용되는 것은 아닙니다. 우리 주변에서 흔히 느낄 수 있는 차별을 보십시오.

그것은 법적으로는 금지되어 있지만, 실제로 도처에서 벌어지고 있습니다. 편견, 부정, 편애가 세상 곳곳에 있습니다. 성적인 차별, 장애인에 대한 배척, 나이 많은 사람들에 대한 부당한 대우 등 공정치 못한 일은 얼마든지 존재하는 것입니다.

8. 어느 곳에나 학대와 전쟁이 존재합니다.

희생자에 대한 범죄, 분파주의, 이웃에 대한 침탈 등을 비롯하여 사용자들은 고용자를 속입니다. 또한 남편은 아내를 학대하고 부모는 아이들을 학대합니다. 가슴 아픈 일이지만 이것은 사실입니다.

9. 고용의 안정이 보장되지 않습니다.

요즘에는 직장에서 40년을 일한 후, '행복하게 퇴직하는 꿈'은 어디까지나 '꿈'에 지나지 않습니다. 한 사례로 미국에서 두 개의 거대 기업이 무려 10만 명의 근로자들을 무참히 해고했습니다.

그러한 행위는 개인의 삶뿐만 아니라 30만 명에서 40만 명에 이르는 사람들의 삶의 안정과 미래에 영향을 미쳤습니다. 그들의 삶에 대한 쇼크는 어마어마한 것임에도 불구하고 강제 퇴직은 과거 수십 년 동안 일상화되어 왔습니다.

10. 죽음과 세금은 피할 수 없습니다.

미국의 부채는 수 십 조 달러에 이릅니다. 그렇다면 누가 그토록 많은 돈을 빌려주었을까요? 그것은 대부분 미 연방은행과 세계은행들이 꿔준 것입니다. 그러면 그러한 은행들의 소유주는 누구일까요? 물론 작은 엘리트 그룹들입니다.

자, 이제 누가 수 십 조 달러에 이르는 부채와 이자를 지급해야 할지 생각해 보십시오. 그것은 다름 아닌 모든 봉급 소득자들입니다. 즉, 부유한 지주들의 배를 채워주기 위해 당신과 당신의 자녀 그리고 손자들은 그러한 부채들로부터 결코 자유롭지 못할 것입니다.

결국 당신 인생의 3분의 1 이상은 이렇듯 보이지 않는 빚이 앗아가고 마는 것입니다. 그리고 그것은 이미 당신 유산의 일부가 되어 있습니다.

11. 미래를 위한 재정적 안정을 얻을 수 있는 가장 좋은 기회는 당신 자신이 운영하는 사업으로부터 소득의 원천을 개발하는 것입니다.

당신은 무한소득을 만들어내는 어떤 기술의 사용법을 배움으로써 불확실한 시대에도 경제적으로 풍요롭게 살아갈 수 있습니다.

12. 당신에게 안정적인 소득을 창출하도록 해주는 입증된 **시스템**이 필요합니다. 그리고 당신을 이끌 **전문적인 안내자**도 필요합니다.

13. 만약 당신이 지금까지 살아온 대로 계속 살아간다면, 당신은 거의 재정적으로 파산에 직면하게 될 것이고 65세에 이르러서는 궁핍한 삶을 면치 못할 것입니다.

미국 정부의 조사에 의하면 미국에서 태어난 100명의 사람들 중에서 단지 5명만이 퇴직 후에 충분한 소득을 가지고 안정된 삶을 살아간다고 합니다.

겨우 5%만!

그리고 나머지 사람들은 경제적인 문제와 삶에 지쳐 고통받고 있습니다. 따라서 소위 말하는 **황금시대**가 대부분의 사람들에게는 그저 비극이고 우울함뿐입니다.

회피하지 마십시오. 이것은 사실입니다.

그리고 무엇보다 중요한 것은 오직 당신만이 당신의 경제적인 미래를 바꿀 수 있다는 점입니다. 하지만 이대로 그냥 주저앉아 있으면 암울한 미래는 당신이 미처 알기도 전에 도달할 것이고 그러면 당신은 그곳에서 지친 몸으로 살아가야만 합니다.

거짓 그리고 진실

이제 당신이 지금까지 믿어왔을지도 모르는 몇 가지 거짓에 대해 검토해 봅시다. 다음과 같은 거짓을 살펴보고 각각의 거짓 뒤에 나오는 진실을 각자 적어 보십시오.

거짓 당신이 정말로 열심히 일한다면 당신은 재정적 안정에 이를 수 있습니다.
진실 열심히 일한다고 하여 재정적 자유가 보장되는 것은 아닙니다. 오히려 잘못된 시스템을 따른다면 좌절을 겪게 되고 당신의 에너지만 낭비될 뿐입니다.

거짓 좋은 직업을 얻고 그것을 평생 유지한다면 재정적 독립을 달성할 것입니다.
진실 그러한 보장은 없습니다. 다시 한번 **사실**로 돌아가 9번과 13번을 읽어보십시오.

거짓 당신 자신의 사업을 열심히 하게 되면 언젠가 부자가 될 것입니다.
진실 미국에서 모든 새로운 사업의 80%가 5년 이내에 실패하고 맙니다. 그리고 그 다음 5년 이내에 다른 80%가 문을 닫고 있습니다. 더 나아가 다음 5년 이내에 그들 중 80%가 사라지게 됩니다.
재정적 안정에 도달하는 가장 확실한 방법이 당신 자

신의 사업을 갖는 것이라는 점은 사실이지만, 더불어 재정적 자유를 가져다 줄 수 있는 것은 단지 몇 몇 사업에 지나지 않는다는 점을 명심해야 합니다. 따라서 현명한 선택이 필수적입니다.

거짓 돈을 벌기 위해서는 돈을 투자해야 합니다.

진실 그렇지 않습니다. 물론 상품화 된 프랜차이즈를 구입하거나 포트폴리오를 구성하여 커다란 부를 축적하려면 막대한 자금이 들어가게 됩니다. 하지만 시야를 좀 더 넓히면 매년 여러 나라에서 단지 꿈과 열정, 단기간의 노력, 작은 투자만으로 시작한 사업가들이 경제적 성공을 달성하고 있음을 알 수 있습니다.

거짓 열심히 일하기보다는 현명하게 일해야 합니다.

진실 물론 현명하게 일하는 것이 보다 쉬워 보이기는 하지만, 사실 부를 구축하는 초기에는 열심히 일하는 것과 현명하게 일하는 것이 모두 필요합니다. 특히 올바른 계획에 맞춘 노력이 중요합니다.

거짓 무엇을 아느냐가 아니라 누구를 아느냐 하는 것이 중요합니다.

진실 만약 당신이 영리하다면 당신은 가능한 한 빨리 몇 몇 성공자를 알게 될 것입니다. 당신은 길거리의 부랑자와 단기간에 자기 자신을 계발하여 월 2만 달러의 순수익을 올리는 30세의 주부 가운데 누구에게 삶의 기술들을 배우겠습니까? 물론 당신은 두 사람 모두에게 배울 수 있습니다.

거짓 돈을 빌려 싸게 나온 부동산을 사둔다면 큰돈을 벌 수 있을 것입니다.

진실 이러한 투자를 통해 부를 소유하게 되는 유일한 사람은 그 아이디어를 제공한 사람들뿐입니다. 그리고 투자를 위해 많은 자본을 빌리려면 상당한 초기사업 비용과 확실한 신용, 그 분야에서의 입증된 사업경력과 부동산에 대한 정확한 지식이 요구됩니다. 즉, 부동산은 노련한 전문가들에게 적합한 위험한 게임입니다. 당신은 부동산 전문가입니까?

거짓 은행이나 주식시장에 약간의 돈을 투자한다면 퇴직 후에 풍요롭게 살 수 있을 것입니다.

진실 자신이 소유하고 있는 자본을 현명하게 투자하라는 것은 건전한 조언입니다. 하지만 어디까지나 그것은 여유자금이어야만 합니다.

또한 어디에 투자해야 할지를 지혜롭게 선택해야 하며 믿고 돈을 맡길 만한 사람이 있어야 합니다. 1989년, 주가가 폭락했을 때 수많은 사람들이 평생 모아온 돈을 잃었습니다.

투자는 신중하게 이루어져야 합니다. 보장되어 있는 것은 아무 것도 없습니다.

거짓 높은 학력이 당신의 수입을 보장할 것입니다.

진실 학위는 아무것도 보장하지 않습니다. 석사학위를 따고도 전공분야의 직업을 얻는 사람은 극히 드뭅니다. 평균적으로 볼 때, 고학력의 봉급생활자가 다른 사람들보다 더 경제적으로 풍요롭게 사는 것은 아닙니다.

거짓 당신이 특별한 기술이나 학력 또는 돈이 없다면 당신은 재정적으로 독립할 기회를 가질 수 없습니다.

진실 경제적으로 잘 살 수 있는 당신의 권리는 누구도 침해할 수 없습니다. 모든 것은 당신의 선택에 달려 있을 뿐입니다.

요약

당신이 현재 서 있는 곳은 당신이 지금까지 '진실'이라고 믿어왔던 '목표'를 쫓아온 결과입니다. 하지만 당신은 이미 그 '진실'이 '거짓'임을 알고 있을 것입니다.

진실이라고 하는 것은 단순하고 명백한 것입니다. 제2장에서 우리는 당신이 서 있을 자리에 어떻게 도달하게 해야 할지 연구할 것입니다.

제2장
당신은 지금 원하던 대로 살고 있는가?

인생의 주요 질문들

어쩌면 당신은 늘 일상적인 삶에 쫓기며 살아가고 있을 지도 모릅니다. 따라서 당신의 시간과 정력은 매일매일 처리해야 하는 일에 얽매여 점점 줄어들고 있습니다. 그렇기 때문에 당신은 자주 무기력과 좌절감을 맛보게 되는 것입니다.

하지만 이제 당신은 잠시 멈춰 서서 좀더 심오한 주제들을 고민해야 합니다.

당신에게 적절한 방향을 제시하는 중요한 것에 초점을 맞추십시오.

회전목마처럼 돌아가는 일상에서 내려와 당신 자신을 돌아볼 수 있는 여유를 가지십시오.

인생이라는 학교에 들어가 보십시오. 그 학교는 언제나 열려 있습니다. 저는 당신에게 인생에 있어 매우 중요한 몇 가지 질문들을 던지려고 합니다.

왜냐고요?

그것은 당신을 시험하기 위해서입니다. 즉, 무엇이 당신을 움직이게 하는지 알아보려는 것입니다.

왜냐고요?

그것은 **당신이 왜 살며 또한 당신이 지금 어디에 서 있는지**를 깨닫도록 돕기 위해서입니다. 명심하십시오. 과거에 일어났던 일은 당신이 지니고 있는 잠재력을 진정으로 보여주는 것들이 아닙니다. 당신은 단순한 몇 가지 결심을 함으로써 당신 인생의 나머지 부분을 바꿀 수도 있습니다. 왜냐하면 당신에게는 **자유의지**가 있기 때문입니다. 모든 것은 당신의 선택에 달려 있습니다.

당신은 지금 무엇을 바꾸고 싶습니까?

만약 당신이 알고 있던 지식이 당신이 원하던 성공을 가져다주지 못했다면, 당신은 어떻게 해야 좋은 결과를 이끌어낼 수 있는 올바른 아이디어를 얻을 수 있을까요?

그것은 **배우고 실행하는 것**입니다. 우리를 비롯하여 많은 사람들이 성공을 얻었던 방법이 바로 그것이고 당신 역시 할 수 있습니다.

물론 이것이 쉬운 일이라고 말할 수는 없습니다. 하지만 당신이 이러한 질문에 빨리 그리고 확신 있게 대답할 때, 당신은 핵심에 접근할 수 있습니다.

그러면 당신은 좋은 아이디어와 쓰레기 지식을 구분할 수 있을 것입니다. 더불어 당신은 쓰레기들을 골라낸 후, 남게 된 **올바른 지식과 행동**을 알게 될 것입니다.

그리하여 당신은 당신의 시간과 정력을 보다 현명하게 사용하게 될 것입니다. 앞으로 당신의 미래의 삶은 열매를 맺기 시작하고 당신을 놀라게 할 보상들을 이끌어내게 될 것입니다.

당신은 **매우 뛰어난 사람**이 될 것입니다.

여기서 매우 뛰어난 사람이란 충분히 보상을 받는 삶을 살아가는 상위 5%의 사람들을 말합니다. 당신이 지금 서 있는 그 자리가 당신이 원하던 곳입니까? 물론 이 질문에 'Yes'라는 대답을 했을지라도 이 책을 계속 읽으십시오. 그리고 자신을 속이지 마십시오.

질문 : 당신에게 성공은 무엇을 의미하는가?

당신은 지금 무엇을 원하고 있습니까? 돈, 권력, 인정,

자동차, 좋은 집, 주식, 부동산, 보트 혹은 레저용 자동차, 휴가용 별장, 꿈같은 휴가, 부유하고 유명한 사람들의 생활방식 아니면 그 밖의 다른 것입니까?

당신은 생활방식에 대해 관심이 많습니까? 아니면 인생 그 자체에 대해 관심이 많습니까? 당신은 우선 순위를 정했습니까? 만약 그렇지 않다면 왜 그렇습니까?

만약 당신이 부잣집에 태어나지 않았거나 평생 쓰고 남을 돈이 없다면 당신은 생계를 위해 돈을 벌어야 합니다. 그리고 당신이 좋아하는 일을 하는 것은 당신의 행복과 만족에 있어 매우 중요한 요소입니다.

질문 : 올바른 직업을 선택했는가?

당신이 올바른 직업을 선택했는지 다음의 질문을 통해 알아보십시오.

  1. 당신은 당신의 일을 정말로 좋아하며 즐깁니까?(Yes or No)
  2. 당신의 일을 통해 성장하고 있습니까?(Yes or No)
  3. 당신의 시간을 조절할 수 있습니까?(Yes or No)
  4. 당신의 일이 당신이 원하는 돈을 가져다 줍니까?(Yes or No)

5. 당신은 당신이 하는 일을 자랑스러워합니까?(Yes or No)
6. 당신의 천직이 당신의 삶을 더 좋게 만들고 있다고 생각합니까?(Yes or No)

만약 당신이 모든 질문에 대해 주저 없이 'Yes'라고 대답했다면, 당신은 올바른 삶을 선택한 것입니다. 하지만 'No'가 하나라도 있다면 그렇지 않을 것입니다.

왜 그럴까요?

질문 : 당신은 어떤 종류의 일을 하고 있는가?

처음에 당신은 왜 그 직업을 선택했습니까? 부모님의 영향 때문이었습니까? 아니면 학교나 돈, 매력 혹은 인류애로부터 나온 것입니까?

운이 좋아서였습니까? 아니면 단순한 우연입니까?

단순히 생계와 좀더 나은 미래를 꿈꾸는 획일화된 삶에서 벗어나기 위해 일하는 것입니까? 아니면 적당한 조사와 광범위한 개인적 근거에 기준해서 직업을 선택한 것입니까? 그것도 아니라면 또 다른 이유는 무엇입니까?

만약 당신이 당신의 사업을 하고 있다면 당신은 잠자는 시간을 제외하고 모든 시간과 정력을 대부분 일하는데 투자하고 있을 것입니다. 하지만 저는 당신이 대부분의 시간을 일에 투자하는 것에 대해 어떻게 생각하는지 알지 못합니다.

그러나 저는 제가 좋아하는 일을 하기로 결심했습니다.

그래서 저는 오랫동안 조사와 관찰을 거듭한 결과, 제가 찾고 있던 일을 정확히 찾아냈습니다.

당신은 혹시 인생의 즐거움과 재정적 안정을 동시에 가져다 주는 일을 하고 싶지 않습니까? 물론 당신이 원한다면 당신도 얼마든지 그 일을 할 수 있습니다.

계속 읽어보십시오.

질문 : '잘 산다고 하는 것'은 당신에게 어떤 의미인가?

당신에게 있어 그것은 돈, 인정, 건강, 일에 대한 성취감, 행복한 가정 아니면 물질적 부를 의미합니까?

당신은 지금 '잘 산다'고 생각합니까?

인생의 '부유함'이라고 하는 것은 항상 '돈'으로 환산될 수 있는 것이 아닙니다. 돈 이외에도 사랑스러운 우정, 화목한 가정, 사람들과의 동료애 등 커다란 풍요로움이 얼마든지 존재하는 것입니다.

그리고 인생은 경험으로 인해 풍요로워질 수 있고 야

망의 성취로 행복해질 수 있습니다.

당신은 당신이 이룬 모든 번영에 대해 사람들에게 설명할 수 있겠습니까? 만약 당신이 그럴 수 있다면 당신의 삶은 초점이 잡혀 있는 것입니다. 다시 말해 당신이 원하는 것을 정확히 말하는데 긴 시간이 걸리지 않는다면 그것은 매우 값진 것입니다.

당신은 가족, 친구, 이웃, 낯선 사람, 모든 지역의 사람들과 어울려 살아가게 됩니다.

질문 : 그러한 관계에 있어 당신에게 중요한 것은 무엇인가!? 그들은 당신에게 어떤 영향을 미치는가!? 당신은 그들에게 어떤 영향을 미치는가!?

인간은 사회적 동물이므로 사람들과의 관계에서 최상의 것을 주고받는 방법을 아는 것은 반드시 필요한 일입니다. 하지만 당신이 사랑 받기를 원한다고 하여 사람들이 당신에게 기꺼이 사랑을 베풀어주는 것은 아닙니다.

만약 당신이 사람들에게 인정받기를 원한다면, 그들이 갈채를 보낼 줄 만한 뭔가를 당신이 해주어야 하는 것은 아닐까요?

마찬가지로 세상의 모든 돈이 사람들의 수중에 있다면, 당신이 그것을 끌어내기 위해 그 정도의 가치 있는 것을 당신이 지니고 있어야 한다는 것이 논리적이지 않을까요?

당신이 사람을 어떻게 대하느냐 하는 것은 당신이 받을 보상에 감정적, 영적, 심리적, 금전적으로 중요한 영향을 미칩니다.

모든 관계에 있어 당신이 얻고자 원하는 것이 아니라, 당신이 제공해야 할 것에 집중하십시오. 그리고 지금 당장 사람들과의 관계를 상기해 보십시오.

여기 몇 가지 전형적인 질문들이 있습니다.

질문 : 사람들이 당신에게 감사함을 느끼는가? 그들은 당신이 나타날 때 진심으로 반갑게 맞이하는가? 아니면 누군가가 항상 당신의 뒤에서 모함하려 하는가?

당신이 사람들에게 강한 영향력을 발휘하는 중심역할을 할 수 있다는 것을 알고 있습니까? 매력적이고 성공적인 사람들로 하여금 당신의 주위에 머물도록 할 수 있다는 것을 알고 있습니까? 그것은 사실입니다.

질문 : 유유상종이라는 표현을 들어본 적이 있는가?

그것이 '같은 사고방식을 가진 사람끼리 모인다'는 말이라는 것을 알고 있는가?

당신의 주위에는 **행복하고 성공적인 성공자**들이 있습니까? 아니면 당신이 그들보다 더 잘 사는 것입니까?

제가 이 질문을 저 자신에게 해보았을 때, 제 주위의 사람들은 좋은 사람들이기는 했지만, 오히려 제가 재정적으로 성공하기에는 그들이 모델이 될 수 없다는 것이었습니다. 그리하여 저는 성공적인 조언자들을 찾기 시작했습니다. 그렇다고 제가 옛친구들을 버렸다는 것은 아닙니다.

곰곰이 생각해 보십시오. 당신이 성공함에 따라 당신은 동시에 당신의 친구들을 도울 수 있습니다. 이 얼마나 기막힌 생각입니까?

결국 인생이라고 하는 것은 우리가 배우는 것을 적용하는 것에 지나지 않고, 그 결과를 즐기거나 애석해 할 뿐입니다. 그러므로 당신이 좀더 경제적인 보상을 얻고자 한다면 당신이 성공하도록 기꺼이 가르쳐주려는 사람들과의 관계를 추구하는 것이 합리적인 것이 아닐까요?

"받는 것보다 주는 것이 복된 일이다."

질문 : 받는 것보다 주는 것이 왜 복된 일일까?

이 질문에 대해 당신은 어떻게 생각합니까? 당신은 그 논리적인 근거를 알아야 합니다. 왜냐하면 그것은 매우 중요하고 당신의 번영에 영향을 주기 때문입니다.

질문 : 이 세상을 더 좋은 세상으로 만들기 위한 당신의 계획은 무엇인가?

당신은 그러한 계획을 가지고 있습니까? 만약 그렇지 않다면 왜 없는 것입니까? 당신은 어떤 변명을 할 생각입니까?

그러면 당신과 우리의 계획을 비교해 보고 어떤 차이가 있는지 살펴보십시오.

우리의 목표는 사람들이 스트레스와 재정적인 문제들을 극복하도록 돕는 것이고 더 나아가 사람들에게 가장 가치 있는 것을 따르도록 하며 자유에 이르도록 하는 것입니다.

이것은 바로 우리 모두가 겪는 **주요 인생문제**입니다. 물론 다른 중요한 문제들도 있겠지만, 제가 알기로 다른 것들은 이러한 문제에 미치지 못합니다.

그러므로 이러한 주요 인생문제를 검토해 보기 바랍니다. 그리하여 다음과 같은 것을 이룰 수 있기를 바랍니다.

1. 다른 사람들보다 질적으로 삶의 우위에 선다.
2. 당신에게 있어 각각의 사람들이 어떤 의미인지 안다.
3. 그것에 초점을 맞춘다.
4. 당신의 새로운 신념에 따라 사는 것을 배운다.

필요하다면 이것을 가지고 당신을 도울 사람을 찾도록 하십시오. 당신이 원하는 일을 하며 훨씬 더 탁월한 삶을 살고자 한다면, 삶을 효과적으로 통제하는 법에 대해 알아야 합니다.

질문 : 당신 자신에게 이렇게 말해본 적이 있는가?
"나는 지금 여유시간이 없다.
나는 지금 여유자금이 없다.
나는 지금 휴식이 필요하다.
나는 지금 절망적이다. 되는 일이 없는 것 같다.
나는 지금 다이어트를 해야 한다.
만약 내가 성공한다면 모든 상황이 달라질 것이다."
이러한 푸념들이 익숙하게 들립니까? 그렇다면 당신은 통제되어 있지 않은 것입니다. 그러므로 이러한 상황을 변화시키기 위해 당신은 당신이 원하는 대로 좀더 통제할 것을 결심해야 합니다. 즉, 정보를 찾고 어떻게 통제할 수 있는지를 배워야 하는 것입니다.

질문 : 무엇이 당신을 두렵게 하는가!? 당신이 행동하거나 변화하는 것을 두렵게 만드는 것은 무엇인가!?

어떠한 두려움일지라도 실은 그 자체가 두려운 것이 아니라 결과에 대한 상상이 당신을 두렵게 만드는 것입니다. 당신이 어렸을 때, 두려움을 느꼈던 대상에 대해 생각해 보십시오. 거기에는 실제로 당신을 두렵게 할 만한 것은 없었습니다. 다만 상상이었을 뿐이죠.

변화를 두려워합니까?

여러 사람들 앞에서 말하는 것이 두렵습니까?

어쩌면 당신은 낯선 사람에게 접근하는 것을 두려워할지도 모릅니다. 어쩌면 당신은 직업을 바꾸는 일을 두려워할지도 모릅니다.

그것은 당신을 두렵게 합니다. 왜냐하면 당신이 가장 나쁜 상황을 상상하기 때문입니다.

그렇다면 어떻게 해야 확신을 가지고 두려움의 문턱을 넘어 전진할 수 있을까요? 어떻게 해야 당신의 연약함을 극복하고 당신의 두려움을 오히려 즐거움으로 전환시킬 수 있을까요?

이 책은 바로 그러한 내용을 알려주고 있습니다. 즉, 당신의 정신세계를 '나는 할 수 없다'에서 '나는 할 수 있다'는 성격으로 변화시키는 것을 배우는 것입니다. 그리하여 당신의 삶에 훌륭한 것들이 쌓여 가기 시작하는 것을 지켜보도록 하려는 것입니다.

목표↑

질문 : 당신의 목표는 무엇인가?

당신의 목표에 대해 저에게 자세하게 설명해줄 수 있습니까?

목표는 당신이 지향하는 바를 제시해주는 타깃입니다.

목표는 당신에게 방향을 제시해줍니다.

따라서 목표가 없다는 것은 방향이 없는 것과 같습니다. 당신은 자신의 목표를 하나하나 달성하는 방법을 알고 있습니까? 목표에 이르기 위해 당신이 매일 취하는 행동은 정확히 무엇입니까? 당신의 목표와 당신의 성장과정을 매주 검토하고 있습니까? 만약 그렇지 않다면 왜 하지 않는 것입니까?

도서관과 서점에 가 보십시오. 그러면 그 요령에 대해 가르쳐주는 책과 테이프들을 만날 수 있을 것입니다.

'활동한다'는 것은 정말로 열심히 바쁘게 일한다는 것을 의미합니다. 그렇다면 당신의 활동은 당신을 목표로 이끌어주고 있습니까?

정기적으로 당신의 발전 상황을 점검해 보십시오.

중요한 것은 바로 '오늘 무엇을 했는가'입니다. 어제도 아니고 내일도 아니며 바로 오늘 말입니다. 매일 밤 잠들기 전에 당신은 그것을 자문해 보아야 합니다. 즉, '목표에 근접하기 위해 오늘 무엇을 했는지, 중요한 것을 했는지 안 했는지'를 검토해 보아야 하는 것입니다.

미루는 것은 실패자들의 습관입니다.

요약

질문 : 당신은 올바른 것에 초점을 맞추고 있는가?

잠시 당신의 인생을 되돌아보십시오. 당신의 아이디어, 우선순위, 행동 등을 조심스럽게 점검해 보고 실질적인 문제를 파악하십시오. 대부분의 사람들처럼 당신도 진실을 회피합니까? 진실을 외면하면 정확한 초점을 맞출 수 없습니다.

당신은 특별히 검증된 계획을 따르고 있습니까?

현실

당신 자신의 행동에 따라 당신은 부를 쌓을 수도 있고 아니면 후회를 쌓을 수도 있습니다. 정직하게 자문해 보십시오. "내가 원하는 만큼 행복하고, 건강하고, 풍요로운가?, 내가 지향하는 바에 따라 살아가고 있는가? 나의 재정적인 계획은 질서정연하게 되어 있고 나의 통제 하에 있는 것인가?"

당신은 올바른 계획을 갖고 있습니까? 이 대답을 아는 것은 필수적입니다. 다음 장에서 우리는 당신의 아이디어가 어디에서 왔는지 보게 될 것입니다.

제3장
당신은 어떻게 현재의 위치에 서게 되었나?

당신의 인생은 너무나 많은 제약과 부정적인 한계들로 인해 엉뚱하게 소비되고 있지는 않습니까?

당신이 천진난만하던 어린 시절에는 커다란 기대감으로 가득 차 있었습니다.

당신은 생생한 상상들을 소유하고 있었습니다.

당신은 호기심이 풍부했습니다.

당신의 잠재력은 막대했습니다.

하지만 점점 어른이 되어감에 따라 당신은 많은 사람들처럼 꿈을 잃어갔습니다. 다시 말해 당신은 남들보다 우위에 서는 대신 평범하게 살아가도록 훈련받은 것입니다. 그러나 당신과 당신이 원하는 것 사이에 무엇이 있는지 의심해 보십시오. 그것이 바로 당신의 아이디어입니다. 즉, 당신이 생각하는 것들입니다.

왜 어떤 사람들은 점점 꿈을 잃어 가는데 또 다른 사람들은 삶의 열정과 즐거움을 느끼며 인생을 개척해 나가는 것일까요? 왜 어떤 사람들은 인생에 대한 호기심으로 가득 차 흥분을 느끼는 것일까요?

그러한 차이가 나타나는 이유는 무엇일까요?

그것은 바로 사고방식의 차이에서 기인합니다.

당신이 무엇을 하고 있는지 그리고 왜 하고 있는지를 알고 당신의 목표에 열정을 쏟으십시오. 그저 주변의 상황에 반응하는 것이 아니라, 특별한 계획을 가지고 살아가는 것입니다. 그리고 올바른 정보와 훌륭하고 사려 깊은 동료들을 모으는 것입니다.

당신이 먼저 행동하십시오.

그러면 그러한 행동에 따른 결과가 나타나게 됩니다.

당신이 먼저 투자하십시오.

그리고 이자가 붙을 때까지 기다려야 합니다. 그러면 가장 먼저 해야 할 일이 무엇인지 당신의 올바른 생각 속에 모여듭니다.

저는 지금 당신의 사고방식, 당신의 자세, 당신의 철학에 대해 말하고 있는 것입니다. 이것은 매우 중요한 것입니다.

사람들은 흔히 평균적 결과를 도출하는 95%의 사람들

과 다른 결과를 도출하는 5% 사람들의 차이를 좀처럼 깨닫지 못합니다. 따라서 당신은 당신의 사고방식을 변화시켜야 합니다. 왜냐하면 사고방식에 따라 그 결과가 달라지기 때문입니다.

저는 합리적인 능력을 가로막는 잘못된 지식들을 진실인양 퍼부어 대는 사람들을 어디에서든 만나게 됩니다. 그리고 제 상식은 그 모든 것에 대해 의문을 갖도록 만듭니다. 왜 그럴까요? 그것은 바로 근본을 찾고 진실을 발견하기 위해서입니다.

당신의 어린 시절을 기억해 보십시오.

당신은 늘 부모를 쫓아다니며 왜? 왜? 왜? 하고 귀찮게 물어보았을 것입니다.

하지만 성장한 후에 당신은 잘못된 지식을 습득하고도 모든 정보를 소유한 것처럼 생각합니다. 즉, 당신이 알게 된 새로운 지식에 '왜?'라는 질문을 하는 대신, 당신의 정신세계에 깔려 있는 정보를 그대로 믿어버리기 시작합니다.

그러나 바로 그 순간, 당신은 배우기를 멈추고 당신 자신을 가장 평범한 사람들 속으로 밀어 넣고 있는 것입니다.

'왜?'라고 하는 것은 당신으로 하여금 계속 배우고 성장하도록 돕는 힘입니다. 그것이야말로 최고의 성공을 거둔 사람들이 남보다 앞서 나가기 위해 사용한 작지만 유용한 것입니다.

당신도 한 번 해보십시오.

꾸준히 '왜?'라는 질문을 던짐으로써 당신은 당신의 삶이 변화하기 시작한다는 것을 알고 놀라게 될 것입니다.

당신을 독특하게 만드는 것은 항상 일의 원인을 탐구하는 능력입니다. 그것은 당신의 생각과 아이디어를 통해 당신의 운명을 만들어 나가는 것이며, 지금 이 순간뿐만 아니라 당신의 먼 미래와 관계된 것입니다.

여기에 핵심이 있습니다.

올바른 아이디어를 가지고 당신은 당신이 원하는 삶을 계획할 수 있는 것입니다. 즉, 당신은 당신의 아이디어를 적절한 행동으로 바꿈으로써 커다란 힘을 가질 수 있습니다. 그리고 당신은 일생을 통해 보상을 받을 수 있습니다. 당신이 스스로 당신의 운명을 활기차게 만들어나가겠습니까? 아니면 수동적으로 군중을 따르겠습니까?

그것은 당신의 선택에 달려 있습니다.

당신의 마음은 두 가지 서로 다른 아이디어를 동시에

관리할 수 있는 능력을 갖고 있지 않습니다. 그러므로 당신의 마음이 '할 수 없다' 혹은 '성취할 수 없다'는 생각으로 가득 차 있다면, 정말로 할 수 없게 됩니다. 당신이 믿지 못하는 한, 그 어떤 것도 이룰 수 없습니다.

하지만 당신이 '그것을 어떻게 이룰 수 있을까?'라고 의문을 제기하면 그것은 당신의 의문에 대해 해답과 방법, 수단을 찾도록 당신을 변화시켜 나갈 것입니다. 그리고 스스로 해답을 찾아 적용해 나간다면, 당신의 현재 위치에서 벗어나 새로운 사람으로 바뀌게 될 것입니다.

이처럼 왜 그런 것인지 질문을 해보는 것은 당신이 이미 알고 있던 것을 변화시켜 새로운 행동과 결과를 도출해 낼 수 있도록 해줍니다.

이것을 경험했던 대표적인 사람이 바로 헬렌 켈러입니다. 물론 그녀는 아무 것도 볼 수도 들을 수도 없었지만 세상의 물체들이 나름대로 이름을 갖고 있다는 것을 알게 되었을 때, 이것은 그녀의 전 인생을 바꿔 놓았습니다.

당신의 마음이 일하는 방법은 늘 둘 중의 하나입니다.

하나는 무기력이나 두려움이고 다른 하나는 이해와 호기심입니다. 이때, 약하고 비효율적인 사람들은 대부분의 시간을 공포의 상황 속에서 보냅니다.

그렇다면 성공적인 사람들이 그들의 마음을 어떤 상황에 맞출 것인지 상상해 보십시오. 비생산적인 사람들은 주로 자신을 남과 비교하여 열등하다는 생각 속에 눌려 지냅니다. 하지만 현명한 사람들은 자신을 성공적으로 이끄는 방법을 가르쳐주는 조언자들을 찾아 나섭니다.

당신은 어느 것을 선택하겠습니까?

당신의 사고와 아이디어는 어디에서부터 나왔습니까?

물론 가족, 이웃, 학교, 대중매체, 사회로부터 나왔을 것입니다. 실제로 이러한 모든 요소들은 당신이 가진 목표와 성공 등에 관한 사고를 형성시켜 왔습니다. 그러므로 성공에 대한 당신의 열정이 부족하다면 그것은 당신의 아이디어에 문제가 있다는 것을 의미합니다.

당신은 진실로 삶의 풍요를 얻는 방법을 배웠습니까? 우아하게 사는 방법을 배웠습니까? 어쩌면 당신은 그러한 방법을 배웠을지도 모릅니다. 하지만 저는 그렇지 못했습니다.

사실, 저는 독서, 습작 그리고 수학과 같은 것을 많이 배웠습니다. 또한 컴퓨터, 경영학, 용접과 같은 몇 몇 기술도 배웠습니다. 그런데 당신은 여기에 문제가 있다는 것을 알고 있습니까? 즉, 우리는 **참된 인생교훈**을 배우지 못한 것입니다.

어느 누구도 우리의 올바른 인식과 삶의 진실을 깨닫게 해주는 문제에 대해 가르쳐주지 않았고 또한 경제적으로 독립할 수 있는 방법도 가르쳐주지 않았습니다.

이 책은 고등교육을 가르치는 학교와 같습니다.

우리는 이것을 두고 '정상사고'라고 부릅니다. 즉, 부자가 되는 것을 배우는 것입니다.

우리는 당신이 학교, 이웃, 직장과 같은 곳에서 결코 배울 수 없었던 원칙들을 가르쳐줍니다.

이 책은 존재에 관한 것입니다.

왜냐하면 당신은 '어떤 종류의 사람'이 되어야만 당신이 원하는 것을 정확히 창조해 내는 활동을 시작할 수 있기 때문입니다. 그리고 궁극적인 결론은 당신의 **마음속에서** 먼저 이루어진다는 것입니다.

제가 보기에 대학이나 그 밖의 학교에 가는 사람들은 마치 가축들처럼 무리를 지어 줄줄이 한 방향으로 몰려가는 것처럼 생각됩니다.

저 또한 과거에 그랬습니다. 왜냐하면 그것이 우리가 하도록 되어 있는 것이기 때문입니다. 현 사회의 보편적인 사고방식은 계속해서 새로운 **임금 노예**들을 쏟아내는 것입니다. 만약 당신이 한정된 돈을 받으며 고도로 통제를 받고 제한된 삶의 방식을 살고자 한다면, 그것도 나쁘지는 않습니다. 즉, 당신이 진정으로 개인적 자유와 재능, 모든 당신의 잠재력을 희생하고자 한다면 말입니다.

계속 그렇게 하면서 고객이 되어 저를 찾으십시오.

그러면 당신이 당신 자신을 그렇게 억누르며 출세를 위해 발버둥칠 때, 저는 해변 가에서 여유자적하며 당신을 기다리고 있을 것입니다.

당신이 평범한 사람으로 남고 싶다면 그들이 하는 대로 행동하십시오. 군중들을 따라가십시오. 당신은 똑같은 결론에 이를 것입니다. 그러나 당신이 범상치 않은 결과를 만들어내는 뛰어난 존재가 되길 원한다면 군중과 달리 보다 차원 높은 사고를 가져야 합니다.

혹시 어렸을 때 '나처럼 해봐요, 요렇게'라는 게임을 해본 적이 있습니까? 그러한 게임에서 당신이 따르고 있는 리더가 어디로 가야할지 혹은 어떤 행동을 해야 할지 모른다면 어떻게 되겠습니까?

그러한 리더 밑에 사람들이 많아진다면 결과적으로 어디로 가야할지도 모르는 채, 맹인이 맹인을 인도하는 꼴

이 됩니다.

이러한 게임에서 얻을 수 있는 교훈은 간단합니다. 그것은 바로 사람들이 몰려다니는 군중들의 틈에 끼는 것은 평범한 사람이 되는 확실한 길이라는 것입니다. 그러므로 평범함을 거부하고자 한다면 사람들과 다른 길로 달려가야 합니다.

앞에서 말했던 것을 다시 반복하겠습니다.

검증된 훌륭한 아이디어는 당신을 성공에 이르도록 하는 모든 것입니다. 그리고 또 다른 교훈이 있습니다. 그것은 당신이 가만히 있어도 성공이 저절로 당신을 찾아오는 것은 아니라는 점입니다.

물론 모든 사람들은 가장 좋은 것을 희망하고 원합니다. 하지만 그것만으로는 충분하지 않습니다. 당신이 그것을 만들어가야 하는 것입니다.

현재의 당신을 이끌어낼 수 있는 사람은 바로 당신입니다. 그리고 당신은 당신이 생각하고 있는 바로 그 사람입니다. 당신이 믿고 있는 사람은 다른 누구도 아닌 당신 자신인 것입니다. 따라서 당신이 세상을 바라볼 때, 그것은 당신이 세상을 보고 있는 것이 아니라 세상에 대한 당신의 해석입니다.

옛말을 기억하십시오.

당신이 근육을 사용하지 않을 때, 그것이 약해지는 것처럼 마음을 사용하지 않으면 움츠러들고 약해집니다. 따라서 당신은 정확하게 생각하는 훌륭한 마음을 개발하기 위해 좋은 아이디어들로 마음을 지속적으로 훈련시켜야 합니다.

인생은 심오하고 깊지만 때로는 단순한 것입니다.

도전이 없으면 성장이 없고, 용기가 없으면 자기 만족에 빠지며 약해집니다. 그리고 최소한의 저항도 없는 삶은 참으로 슬픈 여정입니다. 하지만 대부분의 사람들은 그 속에서 안식처를 찾고자 합니다.

당신은 인생의 주도권을 쥐고 싶습니까?

당신은 인생의 아름다움을 누리고 싶습니까?

주위를 둘러보십시오. 어떤 사람들이 당신과 함께 있습니까? 그들은 긍정적이며 당신을 후원합니까? 그들은 당신에게 더 좋은 아이디어들을 가르쳐주고 있습니까? 그들은 당신이 더욱더 행복해지도록 돕고 있습니까? 그리고 당신이 더욱더 자유로워지도록 또한 당신이 할 수 있는 최선을 다하도록 하고 있습니까?

다른 사람들의 부정적인 태도가 당신을 우울하게 하도록 놔두지 마십시오. 그들에게 당신이 어떤 사람이고 당신의 진정한 가치가 무엇인지 정의하도록 내버려두지 마십시오. 당신은 그들이 당신의 성장을 돕기 때문에 좋은 사람들이라고 생각할 지도 모릅니다. 물론 그들은 자존심을 세우고 유능함을 느끼도록 해줄 수도 있습니다.

어쨌든 어떤 사람들과 함께 당신의 인생을 설계할지는 당신의 선택에 달려 있습니다.

무엇보다 당신의 생각이 가장 중요합니다.

당신은 어떤 물리적인 형태를 얻기 전에 먼저 생각 속에서 일정한 결과들을 만들어갑니다. 예를 들어 당신이 파산해서 무일푼이 되기를 원한다면, 그것은 당신의 생각 속에 명백하게 심어져 있는 것이므로 당신은 곧 파산해서 가난해질 것입니다.

그러나 당신이 감사, 부유함, 은혜가 충만한 삶을 만드는 생각과 신념을 가지고 행동한다면, 당신은 인생을 통해 풍요로움을 얻게 될 것입니다. 이것은 사실입니다.

당신은 당신의 생각대로 얻게 될 것입니다.

당신은 어떤 선택을 하고 있는가?

앞에서 말했던 95%의 사람들은 대부분 그들의 사고방

식 때문에 절망적인 삶을 살아가고 있습니다. 즉, 그들은 평균적인 사고방식을 가지고 제한적이며 잘못된 지식으로 그저 인생에 반응하며 살아가고 있을 뿐입니다.

만약 당신이 지금까지 대중을 따라왔다면 비난은 그들의 것이 아니라, 바로 당신의 것입니다. 하지만 당신은 당신의 선택에 따라 원하는 대로 될 수 있습니다. 즉, 행복, 사랑, 신뢰, 재정적 풍요를 누릴 수 있는 것입니다.

그러나 이러한 삶을 누리기 위해서는 과거의 실수를 끊어버려야 합니다. 당신 자신을 추스르고 당신의 사고를 조정하며 새로운 시도를 하는 것은 당신의 선택에 달려 있습니다. 그리고 그것은 바로 성공자들이 선택하는 길입니다.

당신은 우유부단합니까?

혹시 노아에 관한 성경이야기를 기억하십니까?

하느님이 노아로 하여금 방주를 짓도록 지시하고 동물들을 모아들여 홍수를 대비하게 하였을 때, 만약 노아가 오늘날의 대부분의 사람들이나 동시대의 사람들처럼 자만심에 빠져 있었다면 과연 어떤 일이 발생했겠습니까?

예를 들어 노아가 '잠시 생각해 보고 싶습니다'라거나 '방주를 지으라고요? 그것은 너무나 많은 시간이 걸리는 일입니다'라고 말했다면, 어떤 일이 일어났겠습니까? 그것이 삶에 어떤 영향을 미쳤을 것이라고 생각합니까?

물론 엄청난 영향을 미쳤을 것입니다.

회피하거나 타성적인 자세로 참된 인생을 살아갈 수는 없습니다. 그러므로 당신은 결단성과 일관성을 배워야 합니다. 더불어 현명한 선택을 하는 것을 배워야 합니다.

서른 살이 될 무렵 제가 30번째 직업을 시도하고 있을 때, 저의 아버지는 저에게 작은 충고를 해주셨습니다.

"제리, 내가 올해에는 뒤뜰에 묘목을 심고 다음 해에는 그것을 저기에 옮겨 심고 그리고 나서 그 다음 해에 다시 땅을 파서 앞뜰에 옮겨 심었다면 그 나무가 얼마나 자랄 것이라고 생각하니?"

그때, 저는 이렇게 대답했습니다.

"잘 자라지 않겠죠. 그런데 그건 왜 묻습니까?"

아버지는 저를 지그시 바라보며 말했습니다.

"네가 하나의 아이디어를 꽉 붙잡고 그것에 몰두하지 않는다면, 네 삶도 그 나무처럼 될 것이다."

그 후, 저는 9년 동안 한 가지 일에 꾸준히 매달렸고 제 인생을 통해 처음으로 저의 기대를 뛰어넘는 성공을 이루었습니다. 아버지의 말씀이 옳았던 것입니다.

그것은 바로 **주요 인생문제**였습니다. 하나의 아이디어에 집중하는 것 말입니다.

여기에 당신 인생의 나머지에 대한 선택들이 있습니다. 당신은 어느 것을 선택하겠습니까?

소수(5%)	다수(95%)
할 수 있다	할 수 없다
주도권을 잡는다	저절로 오는 것만 취한다
변화	사퇴
인생설계	기회가 지나가도록 내버려둔다
결과	
성공	낙담

당신은 어떤 방향으로 가고 있습니까?

당신의 삶의 나침반이 북쪽을 가리키고 있다면, 당신이 방향을 바꾸기 전에는 결코 어떤 변화도 없을 것이라는 점은 확실한 일입니다. 즉, 당신이 성취할 수 있는 모든 것에 이르는 길로 들어설 수 없는 것입니다.

따라서 당신의 생각을 바꾸고 당신의 코스를 조정해야만, 현재의 소득뿐만 아니라 미래에 대한 투자도 가능해집니다.

요약

우리는 인생에 대한 당신의 심각하고도 정직한 평가를 통해 당신이 문제 영역을 정확히 찾아내는 것을 돕고자 합니다. 그리고 나약한 해결책을 제시하지 않고 당신이 **변화를 이끌어낼 수 있다**는 것을 믿도록 용기를 갖게 할 것입니다. 제4장부터 우리는 당신의 사고방식을 변화시키는 방법을 탐구하여 당신의 삶을 더욱더 아름답게 가꾸도록 할 것입니다.

제4장
당신의 독특한 점을 찾아라

결과에 대한 책임감을 배워라

우리는 모두 독특한 재능을 갖고 태어납니다. 그리고 우리는 이러한 재능에 대해 감사해야 합니다.

또한 우리의 임무는 우리의 모든 잠재력을 최대한 발휘하는 수준까지 개발하는 것입니다. 더불어 우리에게는 우리 자신에 대한 의무가 있고 이것이 더 나은 세상을 만드는데 기여하도록 사랑을 베풀어야 할 의무가 있습니다.

그것이 병든 사람을 고치는 일이든 성경을 가르치는 일이든 집을 짓는 일이든 우리의 재능을 최대 수준까지 사용하여 가능한 한 최선의 결과를 만들어내야 하는 것입니다. 그리고 그것은 신이 우리에게 주신 능력입니다. 따라서 우리는 시간과 재능을 허비해서는 안 됩니다. 왜냐하면 그러한 노력을 통해서만 우리의 삶을 만들어갈 수 있기 때문입니다.

인생은 하나의 커다란 선물입니다.
잠깐 동안 인체의 복잡한 현상에 대해 생각해 봅시다.
태아는 9개월 동안 엄마의 자궁 속에서 성장하게 되는데, 그 자체가 경이로운 광경입니다.
그리고 당신은 매우 특별한 존재입니다. 당신은 논리적으로 사유할 수 있고 분석하며 마음의 눈으로 3차원의 공간 안에서 색을 추려내고 기억하며 결론을 짓고 프로젝트를 기획, 해석하기도 합니다. 또한 주의를 기울이고 냄새를 맡으며 맛을 보고 듣고 느끼고 심지어 꿈꾸기까지 합니다.
이 모든 것은 정말로 감사해야 할 놀라운 선물입니다.
하지만 너무나 많은 사람들이 아무런 의미도 없이 그러한 행동을 하고 있습니다. 즉, 그토록 믿을 수 없을 정도로 중요한 것에 대해 감사함을 잊은 채, 독특한 삶의 소중한 나날들을 허비하고 있는 것입니다.

주위를 돌아보십시오.
그러면 스트레스를 받고 우울해하며 불행, 불만족을 느

끼는 사람들은 종종 그들 존재의 일부에만 초점을 맞추고 있다는 것을 알 수 있습니다.

또한 그들은 상실감을 느끼고 무기력과 좌절을 겪고 있기 때문에 그들 인생의 진정한 목적에 대해 영적인 해답을 구하려면 약간의 시간이 요구되기도 합니다.

그러나 인생은 혼란스러운 것이 아닙니다.

물론 많은 사람들이 균형 잡히지 않고 초점을 잃은 채 살아가고 있지만, 그들이 만약 인생의 균형을 잡고 초점 있는 인생을 살아간다면, 인생은 더욱더 단순해지고 분별력이 생기게 됩니다. 또한 더욱더 많은 보상이 주어지고 더 감사하게 되며 생산적이 됩니다.

하지만 너무도 많은 사람들이 사회의 기준에 맞춰 자신의 삶을 살아가고 있습니다. 당신은 어떻습니까?

어떠한 상황에 처하여 아무 일도 하지 않는 것은 매우 쉬울뿐더러 누구나 할 수 있는 일입니다. 하지만 좀더 생산성을 높이고 개인적인 성취수준을 높이려면 용기와 자기 자신을 정밀하게 탐구하는 의지력이 필요합니다.

'어떻게 하면 나를 개선해 나갈 수 있을까?'
'어떻게 하면 다른 사람들에게 기여할 수 있을까?'
'어떻게 하면 세상에서 진정한 차이를 만들 수 있을까?'

'어떻게 하면 일을 즐기며 더 많은 돈을 벌 수 있을까?'

작은 변화가 인생의 결과에 있어서 커다란 차이를 만드는 것입니다.

더 많이 배우고 더 많이 주는 것을 추구하십시오.

이 세상에 완벽한 사람은 없으므로 당신이 완벽하지 않다고 해서 위축될 필요는 없습니다. 작은 문제에 신경쓰지 않을 때, 마음은 훨씬 더 편안해질 것입니다. 사소한 문제에서 벗어나 당신의 주요 인생과제에 집중하십시오.

잘 살기 위해 대학졸업장이 필요한 것은 아닙니다.

우아하고 아름답게 살기 위해 많은 돈이 필요한 것도 아닙니다. 아무리 사회적인 가치가 '돈'에 집중되어 있어도 당신의 가치가 돈과 관련되어 있는 것은 아닙니다.

인생에 감사하는 것 그리고 당신 주위에 있는 이웃이야말로 삶의 풍요를 확인시켜 주는 것입니다.

인생의 멋을 생각하십시오.

현재의 당신 모습에 감사하고 즐거워하십시오.

그러면 아름다운 변화를 깨닫기 시작할 것입니다. 그러한 마음자세로 더 나은 삶을 창조하기 위해 당신의 능력을 사용하는 법을 배우십시오.

제5장
풍요로운 삶을 살고자 한다면?

생각이 풍요로운 사람

질문 : 생각이 풍요로운 사람은 누구인가?
답 : 자신의 힘으로 풍요로움을 취하고 자신의 경제적 미래를 디자인하는 사람입니다. 그들은 기회를 놓치지 않습니다.

질문 : 왜 생각이 풍요로워야 하는가?
답 : 더 많은 자유와 재정적 성공을 보장하기 위해서입니다.

질문 : 어떻게 해야 생각이 풍요로워질 수 있는가?
답 : '올바른 사고'와 '올바른 행동'을 배우고 적용함으

로써 가능합니다.

당신이 만약 우리가 알고 있는 것을 알게 된다면, 우리처럼 자유롭고 행복하고 성공적인 삶을 살 수 있을 것입니다. 그리고 무엇보다 중요한 것은 '어디로 가야 할지'를 알고자 한다면, 우리가 알고 있는 것에 대해 당신이 '할 수 있다'는 것을 깨달아야 한다는 점입니다.
왜냐하면 그것이 바로 우리가 여기까지 이르게 된 길이기 때문입니다. 또한 그것은 당신 인생의 지침이 될 것입니다.

성공과 탁월한 결과를 보증하는 보편적인 원칙은 분명히 존재합니다. 그것은 인생의 주요한 아이디어로 아직 널리 알려져 있지 않을뿐더러 극소수의 사람들만 사용하고 있습니다. 만약 당신이 그것을 배우기 위해 시간을 투자하고 배운 것을 삶에 적용시킨다면 믿을 수 없을 정도로 놀라운 결과를 얻게 될 것입니다.

당신의 성장은 '당신이 무엇을 하느냐'에 달려 있습니다. 그리고 당신은 당신의 미래를 개선하고 디자인하는 기술을 배움으로써 개인적인 성장을 가속화시킬 수도 있습니다. 또한 당신의 욕망에 따라 보다 빨리 앞서 나갈 수 있는 길을 결정할 수도 있습니다.

이 책은 당신의 안내서입니다.

이것을 현명하게 사용하고 또한 자주 이용하십시오.

여기에 생각을 풍요롭게 하기 위한 네 가지 필수적인 과정을 제시하고자 합니다. 그러므로 당신은 '지금 그것을 실천해야 한다는 것' 그리고 '왜 실천해야 하는지'를 철저하게 이해하십시오.

그 네 가지 과정은 다음과 같습니다.

첫째, 투자원칙을 배우십시오.

둘째, 진취적인 생각을 개발하십시오.

셋째, 당신 자신의 철학을 세우십시오.

넷째, 당신의 완전한 미래를 설계하십시오.

이제 당신은 배울 준비가 되어 있습니까? 당신의 마음은 충분히 열려 있습니까? 그러한 자세로 계속 읽어나가십시오.

과정 1 : 투자원칙을 배워라

질문 : 투자원칙이란 무엇인가?

답 : 당신이 돈을 투자할 때 그것은 한 기간에 걸쳐 불어납니다. 그리고 투자하면 할수록 수익은 더 커집니다.

질문 : 왜 투자원칙을 배워야 하는가?

답 : 투자원칙을 배우는 이유는 스스로 생산하는 것보다 훨씬 더 많은 보상을 얻음으로써 당신의 개인적인 노력의 대가를 배가시킬 수 있기 때문입니다.

질문 : 어떻게 투자를 해야 하는가?

답 : 먼저 자기 자신에게 투자하고 그리고 나서 다른 사람에게 투자하십시오.

자기 자신에게 투자하기

자기 자신에게 투자하는 것은 믿기 힘들 정도로 놀라운 배당을 창출할 수 있습니다. 그러한 투자는 돈과 함께 일하는 묘미를 느끼게 해줍니다.

약간의 자본을 투자하십시오. 그러면 이자가 불어납니다. 정기적으로 그것이 계속 불어나면 어떤 일이 일어날까요? 약간의 정기적인 투자만으로도 결국 커다란 재산을 만들 수 있습니다

이러한 원리는 당신의 인생에도 똑같이 적용됩니다. 즉, 당신은 투자한대로 얻게 되는 것입니다.

당신의 개인적인 가치, 즉 자긍심, 자존심, 지식, 기술

등에 정기적으로 약간의 저축을 하게 되면 이자가 쌓이고 놀랄만한 비율로 당신의 가치가 증가합니다.

인생으로부터 더 많은 것을 얻고 싶습니까? 그러면 더욱더 가치 있는 존재가 되십시오.

이러한 투자원칙은 가족관계, 경력, 건강, 부, 행복 등 모든 것에 적용됩니다. 그리고 무엇에 투자하느냐 하는 것이 무엇을 얻게 되느냐를 결정합니다.

이것은 아주 기초적인 법칙입니다.

보상은 공헌을 초과할 수 없습니다. 인생이 제공해주는 최적의 것을 원한다면 당신의 개인적 가치 계좌에 매일 예금하십시오.

가치를 증대시키기 위해 당신은 변해야 한다

당신은 왜 변해야 할까요? 만약 당신이 성장(변화)하지 않는다면 당신은 어떠한 상태에 놓인 것일까요? 물론 그대로 남아 있는 것입니다. 그렇다면 당신은 인생에 대해 아무런 변화도 기대할 수 없습니다.

그리고 당신이 계속해서 잘못된 정보를 사용하고 있다면 당신의 요구, 희망, 바람, 기대, 꿈 그리고 뼈빠지게 일하는 것은 아무런 경제적 성공도 가져다주지 못합니다.

믿든 안 믿든 당신이 삶을 변화시키는 데 있어서 주요 장애물은 '일을 어떻게 하는가'하는 것에 있지 않습니다. 오히려 '당신이 왜 하기를 원하는가'를 아는 것에 있습니다.

이미 검증된 기술이 있기에 우리는 '어떻게 하는지'를 가르쳐 줄 수 있습니다. 하지만 진정으로 중요한 요소는 '왜'입니다. 즉, 당신이 탁월한 건강과 풍요로움을 원하지 않는다면, 우리가 당신에게 주는 어떠한 훈련도 당신이 얻는 결과에 중요한 영향을 미치지 못합니다.

알다시피 당신의 행동에 당신의 핵심적인 신념들을 적용해야만 인생에서 얻고자 하는 결과물을 얻게 됩니다. 그리고 당신이 얻은 그러한 보상들은 정확히 당신이 할 수 있다고 믿었던 결과물입니다.

어쩌면 당신은 이 말에 화를 내고 있을지도 모릅니다. 만약 그것이 당신의 마음을 상하게 만들었다면, 당신이 진실을 인식하고 있기 때문일 것입니다.

때로는 진실에 직면하는 것이 고통스러울 수도 있습니다. 그렇기 때문에 당신은 그토록 많이 실패를 겪었는지도 모릅니다.

어쩌면 당신은 지금까지 자신의 기대를 만족시키는데 있어서 실패했을지도 모릅니다. 하지만 걱정하지 마십시오. 당신의 삶은 아직 끝난 것이 아닙니다.

당신의 삶은 당신이 생각하는 것보다 훨씬 빨리 그리고 극적으로 변할 수 있습니다. 중요한 것은 바꿔야 한다는 것입니다. 분명히 말하지만, 우선 당신의 아이디어와 행동을 바꿔야 합니다. 그 외에는 다른 길이 없습니다. 이미 다른 길은 당신이 시도해 보았을 것입니다.

그렇다면 어떻게 해야 당신을 바꿀 수 있을까요?
그것은 성장함으로써 가능합니다.
성장을 하려면 어떻게 해야 하나요?
다시 한번 강조하지만 학습과 실천을 통해 한 단계 한 단계씩 성장할 수 있습니다. 그리고 당신이 긍정적인 변화를 이룰 때마다 자신의 개인적 가치 계좌에 예금을 하는 결과를 낳습니다.

인생에 있어서의 결과물은 당신의 생각 여하에 달려 있습니다. 그러므로 결과물을 바꾸기 위해서는 당신의 사고를 바꿔야 합니다. 즉, 과거의 아이디어를 새로운 아이디어로 꾸준히 교체함으로써 그 과정을 시도해 나가야 하는 것입니다.

그러면 당신은 새로운 행동을 시작하게 될 것입니다.

학습에 있어서 지속적인 저축은 믿을 수 없을 만큼 놀라운 결과를 가져옵니다. 그렇다면 투자에 대한 결과물은 즉시 얻을 수 있는 것일까요?

이 문제에 대해 한번 생각해 봅시다.

만약 돈을 투자하여 돈을 벌어들이려면 시간이 걸립니다. 마찬가지로 당신의 생각에 위대한 아이디어를 심는 것은 농사를 짓는 것과 같습니다. 즉, 먼저 씨를 뿌리고 수확을 하기까지 지속적으로 노력을 투자해야 하는 것입니다.

보상을 수확하기 위해서는 봄, 여름, 가을 등의 전 기간을 거쳐야 합니다. 물론 당신은 마땅히 보상을 받을 수 있지만, 그러기 위해 당신은 삶의 근본적인 원칙들을 따라야 합니다.

오늘 씨를 뿌렸다고 하여 당장 내일 수확을 할 수 있는 것은 아닙니다. 즉, 성장기간이 필요한 것입니다.

이 말을 듣고 당신은 이렇게 생각할 지도 모릅니다.

'약간의 시간과 어느 정도 노력이 필요하다는 말이군.'

맞습니다. 그리고 행동의 변화를 위해 기꺼이 투자를 하는 당신을 위해 보상이 충분히 보장될 뿐만 아니라, 그것은 기대를 뛰어 넘어 놀라울 정도입니다.

예를 들어 봅시다.

당신이 지난달에 투자했던 것처럼 이번 달에도 월급에서 많은 돈을 투자한다면 5년 동안 얼마나 많은 이자를 얻게 될까요? 10년 동안에는? 그리고 퇴직할 때까지는?

만약 당신이 지난달에 했던 것처럼 자기계발 책과 테이프로 공부를 했다면 5년 동안 개인의 가치 계좌에 얼마나 많은 이자가 붙어 있을까요? 10년 동안에는?

제가 말하고자 하는 내용을 알겠습니까?

투자 없이 변화는 없습니다. 그리고 변화 없이 인생에서 무엇을 기대할 수 있겠습니까?

변명들

당신은 틀림없이 '왜 일하지 않는지'에 대해 수많은 이유를 갖고 있을 것입니다. 그렇지 않습니까?

한번 생각해 봅시다.

만약 당신이 40세인데 아직 풍요로움을 누리지 못하고 또한 인생을 즐기지도 못한다면 당신의 변명은 아무런 가치가 없습니다. 그런 변명 따위는 날려버리십시오. 현실을 인정하십시오. 변명은 제쳐두고 이제는 옳은 일을 하는 법을 배우십시오.

당신의 가치 계좌와 당신의 풍요로부터 인출된 변명들

을 살펴봅시다. 만약 당신이 엄청난 스트레스를 받고 있으며 돈 때문에 고군분투하고 있다면 당신은 이렇게 말할 것입니다.

"도대체 내가 뭘 하고 있는 것인지 모르겠어. 나는 너무 어리석고 둔하고 교만하고 게으른가 봐."

당신이 영원히 회의감에 젖어 있다면 아무런 변화도 일어나지 않습니다.

두려움이 당신을 사로잡고 있습니까? 두려움은 아직 일어나지 않은 결과에 대한 상상일 뿐입니다. 단언하건대 두려움은 아무 것도 아닙니다. 두려움은 당신이 스스로의 생각 속에서 그것이 생겨나도록 만들지 않거나 당신을 꼼짝 못하게 하는 힘을 부여하지 않는다면 결코 존재하지 않는 것입니다.

인생의 가장 큰 비극 중의 하나는 당신이 찾지 않으면, 아무것도 찾을 수 없다는 사실입니다.

그럼에도 불구하고 너무나 많은 사람들이 젊은 나이에 머리가 노쇠해 버립니다. 그들은 호기심을 잃어버립니다. 또한 '왜'라고 질문하는 것을 멈춥니다. 더불어 학습하는 것을 그만둡니다.

그리고 얼마나 많이 달성할 지에 대해 늘 회의를 품고

있습니다. 게다가 게으르고 현실에 만족하거나 무기력하며 불법적인 노력으로 철저한 투쟁 없이 즉시 뭔가를 얻고자 합니다.

이러한 문제가 발생하는 이유 중의 하나는 교육체계에 있습니다. 그것은 철저하게 학문적인 교훈만을 가르치고 남에게 종속되어 일자리를 유지하는 지식만을 가르치고 있기 때문입니다.

즉, 어떻게 은행에 가고 어떻게 투자를 하며 '어떻게 최적의 만족을 가져오는 쇼핑을 할 것인가'처럼 인생의 가장 중요한 교훈들은 생략되어 있는 것입니다.

따라서 당신은 수학, 과학, 문학, 간호학은 배우지만, 어떻게 최정상에 이르고 재정적 독립을 달성하며 성공적인 사업가가 될 수 있을 것인가에 대해서는 배우지 않습니다.

대부분의 학교와 대학에서는 **'성공'** 그 자체를 주제로 다루지 않습니다. 왜냐하면 성공은 학술적이고 기술적인 분야에 대해 당신이 적응해 나갈 때 이룰 수 있다고 생각하기 때문입니다.

하지만 당신이 이미 알고 있다시피 성공은 결코 그런 것이 아닙니다. 따라서 어쩔 수 없이 당신은 수많은 시행착오를 통해 당신 자신의 성공 교훈을 배워나가야 합니다.

그러므로 무엇보다 중요한 것은 막대한 **가치 계좌**를 만들기 위해 즉, 당신의 풍요로움을 빨리 달성하기 위해 어떻게 시행착오를 줄여나갈 것인가 하는 문제입니다.

신체와 사고의 재충전

인간은 늘 재충전되어야 합니다.

당신의 신체가 적절히 기능하도록 하기 위해 당신은 당신의 신체에 영양을 공급해야 합니다. 그렇지 않으면 약해지고 기능을 멈추게 됩니다. 그리고 그것은 당신이 무엇을 먹느냐에 따라 결정되는 것입니다.

따라서 패스트푸드나 화학 성분이 함유된 음식물, 담배, 술, 과다한 당분, 다른 쓰레기 같은 음식들을 섭취하게 되면 즉, 좋은 영양을 공급하고 관리를 하지 않으면 건강을 잃게 되고 활기가 사라지며 지속성이 없어집니다.

마찬가지로 당신의 사고에도 좋은 연료가 필요합니다. 그렇지 않으면 사고의 개발이 없게 되므로 새로운 아이디어라는 뇌의 영양식이 필요한 것입니다. 결국 새로운 도전이 요구되는 셈입니다.

신체적 감각이 더 좋아지도록 하기 위해 당신은 좋은

음식을 먹어야 하고 일상적인 리듬을 넘어 당신을 일깨워 나가야 합니다. 그것은 당신의 근육, 심장, 폐의 정기적인 운동을 의미합니다.

또한 정신적으로도 학습이나 올바른 새로운 것들을 익힘으로써 현실의 편안함을 넘어서서 자신을 일깨워나가지 않으면 더 이상의 발전은 없습니다.

당신의 한계를 극복하라

뭔가 부족하고 부정적인 것이 아니라, 긍정적이고 충만한 것에 초점을 맞추십시오. 전자기장의 자력과 같은 물리학의 자연법칙처럼 당신의 마음이 집중된 곳에 모든 것이 집중되기 마련입니다.

그러므로 부정적인 측면에 초점을 맞추지 마십시오.

당신이 삶에 있어서 뭔가 부족을 느낄 때, 당신은 한계에 안주하려 합니다. 하지만 당신이 아무 것도 부족하지 않다고 느끼면 당신은 한계를 뛰어넘게 됩니다.

특히 당신이 '한계란 없다'고 생각하면 당신은 완전한 자유를 만끽하게 됩니다. 그 상태에서는 아무런 경계도 없고 제한도 없으며 단지 기회만이 있을 뿐입니다.

그것이 바로 참다운 풍요입니다.

풍요는 은행에 있지 않고 당신의 사고에 있습니다.

당신을 움츠리게 하는 것은 무엇입니까?

의심? 두려움? 다른 사람? 아니면 당신 자신입니까?

그것이 무엇인지 알아내십시오. 그리고 당신이 그것에 대한 생각에 빠지기 때문에 그것이 존재하는 것임을 알아야 합니다.

만약 당신이 그 정체를 발견했다면 그것을 제거하십시오. 그것이 올바른 길입니다. 당신이 원하는 최상의 결과를 얻기 위해 당신이 마땅히 되기를 원하는 것과 정말 원하는 것을 갖고자 하는 것으로부터 주춤거리게 하는 쓰레기 같은 생각들은 지워버려야 합니다.

당신의 꿈을 이루는 길이 보장되어 있습니다. 이제 그 길을 향해 나아가십시오. 그것이야말로 5%의 성공자들이 걸어간 길입니다.

그들은 그 무엇도 자신의 꿈의 실현을 막을 수 없다는 것을 알고 있었습니다. 그 비전은 그야말로 엄청난 힘을 갖고 있습니다.

당신이 변화를 선택한 이상 당신은 영원히 다른 삶을 살게 될 것입니다. 당신이 매일 조금씩 하고 있는 작은 것들이 당신의 미래를 새로운 운명으로 인도해 줄 것입니다. 옛날의 목표는 이미 사라졌습니다. 당신의 **가치 계좌**

는 성장하고 있는 것입니다.

최선의 노력이 정상의 지름길이다
불행하게도 많은 사람들이 작은 노력이나 부분적인 노력에 만족하고 어쩌다 한 번 시도해 보는 것에 그치고 있습니다.

"그저 한 번 해보는데 의미를 둘 뿐이야."

이러한 사고방식으로는 형편없는 결과를 낳을 뿐입니다. 왜냐하면 이러한 사고방식에는 진정한 신념이 없기 때문입니다. 헌신이 결여되고 의욕이 없다면 결코 어떠한 것도 이룰 수 없습니다.

물론 당신은 이 사실을 알고 있을 것입니다. 그렇다면 얼마나 많은 노력을 기울여야 할까요?

어떤 길을 가다가 당신이 도중에 포기를 한다면 당신은 정상에 도달할 수 있을까요? 물론 아닙니다. 그러면 얼마나 많은 노력이 있어야 할까요? 할 수 있는 한 최선의 노력이 필요합니다.

좋은 모델을 찾아라
이것의 중요성은 아무리 강조해도 지나치지 않습니다.

당신은 당신의 삶에서 받아들인 중요한 영향력의 산물입니다. 그러므로 최선의 결과를 얻기 위해서는 최선의 결과를 이미 낳은 조언자를 찾아야 합니다. 그리고 그들로부터 당신이 할 수 있는 모든 것을 배우십시오.

이해하기 위해 듣는 기술을 배워라

당신은 간혹 귀기울여 듣지 않아 인생을 생산적으로 이끄는데 필요한 중요한 정보들을 잃기도 합니다.

주의 깊게 그리고 의식적으로 듣는 것은 고도의 학습 비밀 중의 하나입니다. 물론 사람들은 대부분 이러한 기술을 익히지 못하고 있습니다.

그리고 당신이 그러한 기술을 익히기 위해 많은 시간을 투자했다고 하여 그것에 익숙해졌다고 말할 수는 없습니다. 왜냐하면 대부분의 사람들은 이해하기 위해 듣는 것이 아니라, 대답하기 위해 듣기 때문입니다.

사람들은 흔히 자신의 관심사에 초점을 맞출 뿐, 듣고 있는 것에는 주의를 기울이지 않습니다.

대화라고 하는 것은 한 사람이 다른 사람의 말을 이해할 때부터 시작됩니다.

저는 '듣는다'는 것에 대해 중요한 인생교훈들을 배웠

습니다. 그것 중의 하나는 저의 입술이나 생각이 활동하고 있을 때에는 상대방의 말을 들을 수 없다는 사실입니다. 왜냐하면 두뇌는 한 번에 두 가지의 대립되는 아이디어를 컨트롤할 수 없기 때문입니다.

따라서 당신의 말을 이해하기 위해 의식적으로 듣거나 아니면 당신의 말이 저에게 전달되지 않을 경우에는 제 머릿속에 있는 저의 아이디어를 말하고 있거나 둘 중의 하나입니다.

만약 당신이 주의 깊은 청취자가 된다면, 당신의 가치 계좌에는 의미 있는 예금이 더 많이 축적될 것입니다.

결단력 있게 행동하는 것을 배워라

당신이 용기 있게 행동할 때마다 당신의 삶에 활력을 부여하게 됩니다. 그리고 당신이 진정한 목표의식을 갖고 있을 때 용기를 갖는 것은 더욱더 쉬워집니다.

신은 우리에게 자유의지를 부여하였습니다. 그 내부적 자유는 당신으로 하여금 당신의 자아상을 갖게 만들고 당신 자신의 재정적 운명을 형성해 나가도록 할 것입니다.

그러기 위해 당신에게는 결단력과 더불어 일관성이 있어야 합니다.

역동적인 사람들은 사고가 매우 분명하고 목표에 대해

결단력이 있는 사람들입니다. 따라서 그들의 단어, 말, 행동이 당신에게 어떠한 영향을 주는지 알아야 합니다.

그렇다고 충동적인 것과 결단력이 있다는 것을 혼동하지는 마십시오. 결단력이 있는 사람들은 정보를 재빨리 분석하여 그것이 그들의 사명과 일치하는지 그리고 그들의 목표에 도움을 주는지를 알아내고 곧바로 행동으로 옮깁니다.

당신이 현재의 직업을 싫어한다면 새로운 기술을 찾으십시오. 만약 당신이 너무 게으르거나 두려워 그렇게 하지 못한다면, 차라리 당신의 직업을 사랑하십시오.

만약 당신이 선택한 직업 때문에 재정적인 딜레마에 빠진다면, 그것을 좋아하거나 아니면 그것을 버리십시오.

왜 만족하지 못하면서도 그것을 붙들고 있습니까?

그것은 너무나 분별 없는 짓이며 우유부단한 행동입니다. 만약 그렇게 행동한다면 당신의 가치 계좌는 심각한 손실을 입게 될 것입니다.

인생의 전환점은 당신이 자신에 대한 진실을 발견하고 변화하려는 결단을 내린 후, 그것을 실천할 때 시작됩니다. 그리고 매일의 노력과 함께 새로운 코스를 달리게 됩니다. 당신의 삶을 엄청나게 변화시키는 데 필요한 것은 이것이 전부입니다.

당신 자신에게 이렇게 말해 보십시오.

내 인생은 옳지 않다.

나는 변화할 수 있다.

나는 이러한 선택을 함으로써 행복하다.

나는 나의 과거에 대하여 걱정할 필요가 없다. 왜냐하면 그것은 내가 기대하는 새로운 미래와 전혀 상관이 없기 때문이다. 나는 옛날의 쓰레기 더미를 과감히 버릴 수 있다.

훈련받는 것을 배워라

이것은 인생에 있어서 가장 커다란 교훈 중의 하나입니다! 또한 이것이야말로 승자와 패자를 구분하는 시금석입니다. 당신은 좋은 훈련을 받고 있습니까 아니면 나쁜 훈련을 받고 있습니까?

매일 얼마나 많은 훈련을 하고 있습니까? 매달 얼마나 많은 돈을 투자하고 있습니까? 매주 얼마나 많은 시간들을 당신 자녀의 사고와 마음을 개발하는 데 사용하고 있습니까? 당신의 개인적 지식, 기술, 자기가치를 증진시키기 위해 얼마나 많은 수업에 참여합니까? 매달 얼마나 많은 시간을 불우한 사람과 시민단체 혹은 도움이 필요한 사람들에게 기부하고 있습니까?

혹시 이런 일을 위해 시간을 조금도 할애하지 않고 있나요? 그렇다면 그것은 당신이 훈련받지 않았기 때문입니다. 그리고 당신은 계획적인 삶을 살고 있지 않으며 성공적인 원칙들에 기초한 훈련을 개발하지도 않는 것입니다. 당신은 그저 나쁜 표본들을 그대로 따르고 있을 뿐입니다.

예를 들어봅시다.
당신이 보통의 씨앗을 뿌리고 부지런히 땅을 갈면 가을에 보통의 수확을 얻을 수 있습니다. 그러나 당신이 특별한 씨앗을 뿌리고 같은 방법으로 땅을 간다면 당신의 수확은 상상할 수 없을 정도로 달라지게 됩니다.
이처럼 당신이 똑같은 노력을 기울여 보다 우수한 결과를 얻을 수 있다면, 가장 탁월한 결과를 얻을 수 있는 곳에 훈련을 집중하는 것은 당연하지 않습니까?
위대한 아이디어들을 모으십시오.
당신의 에너지를 그러한 씨앗에 투자하십시오.
그러면 당신의 노력은 훨씬 더 커다란 보상으로 열매를 맺게 될 것입니다.

물론 목표도 있어야 합니다.

하지만 진정으로 중요한 것은 하루 하루의 목표입니다. 더불어 하루 하루의 훈련도 중요합니다. 즉, 가까운 목표가 중요한 것입니다.

오늘 당신은 무엇을 했습니까?

매일 잠자리에 들기 전에 이렇게 자문해 보십시오.

"나의 인생을 진보시키기 위해 오늘 나는 무엇을 했는가? 나의 단기목표는 장기목표에 부합하는가? 오늘의 나의 노력이 나의 가치를 증가시켰는가?"

성공적인 사람과 일반 군중과의 차이는 무엇일까요?

기본적인 차이 중의 하나는 '성공자는 일반 군중보다 조금 더 헌신적'이라는 점입니다. 성공자는 할 필요가 있는 것을 정확히 짚어내고 그것을 꾸준히 실천합니다. 왜냐하면 '정상으로 이르는 길'은 날마다 스스로의 반성 속에서 조금씩 성장하는 것에 있기 때문입니다.

지금 당장 시작하십시오.

매일 필요한 것을 찾아내고 훈련하며 당신의 철학을 확대시키고 사고를 변화시키십시오.

성공자들이 저술한 책을 꾸준히 읽으십시오.

좋은 아이디어를 선택하여 당신을 위해 활용하십시오.

만약 당신이 지금부터 매일 조금씩 투자를 한다면 1년,

3년, 5년이 지났을 때, 당신에게 엄청난 변화가 찾아들 것입니다. 더불어 이러한 훈련은 당신의 가치 계좌에 커다란 예금을 안겨줄 것입니다.

습관을 경계하라

인간은 타성적인 존재입니다.

당신은 어떤 일에 대해 인간이 얼마나 빨리 습관에 빠져드는지 알고 있습니까? 당신은 교회에 가거나 수업을 듣거나 동료와 점심을 먹으러 갈 때 항상 똑같은 좌석에 앉는 경향이 있습니까? 아니면 항상 같은 곳에 앉지 않습니까?

보다 더 성공적이고 행복한 삶을 영위하기 위해서는 행동의 수정이 요구됩니다. 즉, 당신의 습관을 바꿔야 하는 것입니다.

그렇다면 어떻게 해야 습관을 바꿀 수 있을까요?

우선 습관이 무엇인지 알아내야 합니다. 그리고 의식적으로 다른 것을 행하도록 노력해야 합니다.

예를 들어 매번 다른 자리에 앉는 것도 변화를 위한 노력이라고 할 수 있습니다. 어떤 곳을 방문할 때마다 낯선 사람들과 대화를 나눠보십시오. 당신의 영역을 넓히고 늘이지 않는다면 성장을 기대할 수 없습니다.

당신의 건강을 개선하고자 걷기 운동을 시작했다고 합시다. 그러면 첫 날 한 블록 정도를 걷습니다. 그리고 다음 날에는 두 블록을 걷고 다시 다음 날에는 네 블록을 걷습니다. 물론 네 블록을 한꺼번에 걸으려면 힘이 들지만, 점진적으로 늘려 가면 걷는 것도 쉽고 그 다음에는 2마일, 5마일, 10마일까지 늘릴 수 있습니다.

왜냐하면 처음 시작할 때에는 매우 더디지만 시간이 흐르면서 육체적·정신적으로 적응해 나갈수록 당신은 추진력을 얻게 됩니다.

마라톤 주자도 처음부터 42.195킬로미터를 연습하는 것으로 훈련을 시작하지는 않습니다. 우선 처음에는 1킬로미터를 연습하고 그리고 나서 3, 4, 6킬로미터씩 늘려 가는 것입니다.

마찬가지로 풍요로운 사고의 소유자가 되는 것도 하루 아침에 이루어지는 것이 아닙니다. 그것은 매일매일 꾸준히 좋은 습관을 훈련하고 개발하는 것을 통해 시작되고 굳어지는 것입니다.

당신의 습관을 긍정적인 방향으로 이끌고 있습니까? 아니면 그렇지 않습니까?

당신은 어릴 때부터 어른이 될 때까지 전 인생을 통해

통제를 받아왔을 것입니다. 당신은 계획된 프로그램에 의해 통제를 받았습니다. 따라서 당신은 그동안 "안 돼. 나는 할 수 없어"라는 훈련에 기초한 한계를 만들어왔습니다.

하지만 이제는 "그래, 나는 할 수 있어"라고 말하십시오. 그러면 당신은 부유해질 수 있고 행복해질 수 있고 능력 있게 되고 유명하게 되고 당신이 원하는 것을 할 수 있게 됩니다. 즉, 당신이 마음과 신념 속에 당신 자신에 대해 그리고 있는 자아상을 이루게 되는 것입니다.

입증된 행동으로 성공을 창출하도록 이끄는 새로운 습관을 익히십시오. 좋은 습관을 얻는 것은 당신의 가치 계좌에 가치를 부여하는 일입니다.

당신의 진보를 체크하라

당신의 대차대조표를 자주 체크하는 습관을 가지십시오. 일반적으로 모든 성공적인 기업들은 매달, 매 분기마다 혹은 매년 재정적인 발전을 준비하고 체크합니다.

왜 그렇게 하겠습니까?

그것은 성장 가능성에 대한 하한선을 체크하기 위해서입니다. 즉, 성공하기 위해 1년, 5년 간의 계획을 확립하기 위해서입니다. 그리고 어느 때, 어느 곳에서든 필요한 조정을 이루어내기 위해서입니다.

당신은 특정한 계획 없이 인생을 꾸려나갈 수 없습니다. 당신의 발전을 가늠해 볼 수 있는 정기적인 시간을 가지십시오. 당신의 미래를 위해 현명하게 정보를 투자하십시오. 그리고 모든 실수는 미래를 위한 교두보라는 것을 받아들이십시오. 그것이야말로 지혜를 모으는 현명한 행동입니다. 당신이 포기하지 않는다면 실패란 결코 없습니다.

다른 사람에게 투자하라
당신의 가치 계좌가 증식될 때마다 당신은 다른 사람들에게 줄 만한 것들을 많이 보유하게 됩니다.

당신은 찬사를 받을 때 어떤 느낌을 갖습니까?

당신이 큰 일을 해내서 누군가 당신의 등을 두드리며 칭찬할 때 어떤 생각이 듭니까? 미소를 짓습니까? 아니면 그 사람을 좋아한다는 느낌이 듭니까?

당신이 존경을 받을 때는 어떤 느낌이 듭니까? 누군가 당신을 인정하고 대단히 특별한 사람이라고 말해줄 때 어떤 생각이 듭니까? 아마도 상상할 수 없는 기쁨으로 마치

하늘을 날아다니는 느낌일 것입니다.
누구든 그런 느낌을 좋아합니다.
모든 인간은 사랑, 칭찬, 인정받는 것을 좋아합니다.

영향력 있는 사람이 되고 싶습니까?
그러면 규칙적으로 다른 사람에게 영향을 주십시오.
아무런 조건 없이 당신의 사랑을 표시하십시오.
그들에게 존경을 보내고 칭찬을 해주십시오. 그들이 얼마나 특별한 존재이고 재능이 있으며 훌륭한지를 말해줌으로써 인정해 주십시오. 그리고 그들이 얼마나 기뻐하는지 보십시오. 그것은 아름다운 일입니다.
그것을 시도해 보고 무엇이 일어나는지 관찰해 보십시오. 저는 지금까지 그것을 부단히 노력해왔습니다.
사람들이 비상할 수 있도록 도와주는 것은 제 자신이 대단한 존재라는 것을 깨닫게 합니다. 물론 사랑과 칭찬의 선물을 주는 것은 매우 쉽습니다.
이처럼 매일 주변 사람들에게 투자하기 시작할 때, 당신의 가치 계좌는 엄청난 속도로 불어날 것입니다.

당신이 아무 것도 안 하거나 아무 말도 안 하는 것은 퇴보입니다. 당신의 행동과 말과 의도가 다른 사람들을 무시하고 눈물을 흘리게 만들 때, 그들의 신뢰, 사랑, 당신에 대한 존경은 사라지고 맙니다.

즉, 그들의 가치 계좌에서 인출이 일어날 때, 당신의 가치 계좌에서도 자동적으로 인출이 발생하는 것입니다. 성공은 다른 사람들을 무시하고 슬프게 만드는 데서 오는 것이 아니라, 그들을 비상하도록 하는 데서 오는 것입니다. 그러므로 오늘부터 투자를 시작하십시오!

과정 2 : 진취적인 생각을 개발하라

질문: 진취적인 생각이란 무엇인가?

인생은 산에 오르는 것과 같습니다. 즉, 도전하는 것이죠. 그리고 진취적인 생각은 시작부터 정상을 목표로 하는 것을 의미합니다. 그것은 당신이 이미 알고 있는 지식을 사용하여 가능한 한 가장 빠른 길로 당신을 인도하게 할 것입니다.

질문 : 왜 진취적인 생각을 해야 하는가?

최고의 보상이 정상에 있기 때문입니다.

질문 : 어떻게 진취적인 생각을 개발할 수 있는가?

그것은 무엇을 해야 할지를 알고 또한 지름길을 택하며 다수가 아닌 소수를 좇는 것입니다.

인생은 자유롭지도 않고 편하지도 않습니다. 어디까지나 인생은 도전일 뿐입니다. 즉, 산을 오르는 것과 같은 도전입니다.

산을 오르는 사람들의 목표는 과연 무엇일까요?

물론 정상에 도달하는 것입니다.

정상에서 내려다보는 경치는 참으로 아름답습니다. 당신은 모든 것을 확실히 볼 수 있으며 당신이 서 있는 그 위치는 당신의 눈에 비치는 전망을 바꿔줍니다. 따라서 참으로 가장 큰 보상은 가장 높은 수준에 있는 것입니다.

인생을 살아가는 것 역시 산의 정상을 오르는 것과 같습니다. 모든 사람들은 비록 출발점은 다를지라도 산에 오르기를 시작합니다. 당신은 지금 어디에 서 있습니까? 맨 밑입니까? 아니면 산의 중턱입니까? 어쨌든 당신은 정상과 관련하여 어디에 있는지를 알아야 합니다.

이제 당신의 눈앞에 있는 것이 무엇인지 아십니까?

당신이 높이 올라가면 올라갈수록, 더 많은 보상과 평가를 원하면 원할수록 일정한 **노력을 계속해야 하고 또한 일정한 시간이 필요**합니다. 즉, 당신은 정상에 도달하기까지 그 진행 과정동안 매일 대가를 지불해야 하는 것입니다.

이제는 결정을 내려야 할 때입니다.

그러므로 당신 자신에게 물어보십시오.

"나는 인생으로부터 더 많은 것을 얻고자 하는가? 나는 기꺼이 그러한 노력을 기울일 자신이 있는가? 아니면 나는 망설이고만 있을 것인가? 편하고 쉬운 자리에 그냥 머물러 있을 것인가?"

만약 당신이 도전하기로 결정했다면, 더욱더 큰 보상을 위해 산에 오르는 데 여분의 시간을 투자하기로 했다면 그것을 하는데 있어서 가장 현명한 것은 무엇이겠습니까?

첫째, 당신의 과다한 쓰레기들을 버려야 합니다.

목적지에 이르기 전에 당신이 입고 있는 지나치게 무거운 것들은 모두 버리십시오. 더 나은 삶을 영위하기 위해 이미 가지고 있는 낡은 관념과 사고를 던져버려야 합니다.

둘째, 순수하게 필요한 것만 취해야 합니다.

왜냐하면 더욱더 쉽게 그리고 더 즐겁게 산에 오르기 위해서입니다. 여기서 말하는 '순수하게 필요한 것'은 인생의 주요 질문들에 대한 답이요 당신의 타오르는 의욕이요 올바른 지식과 행동을 의미합니다.

셋째, 당신 혼자서 길을 찾아 나서는 것이 아니라 누군가에게 도움을 청하는 것입니다.

이미 여행을 시작한 사람들에게 방향을 물어보십시오.

그들은 도움이 되는 지도와 충고를 통해 당신을 도와주는 것을 행복하게 여기고 있습니다. 이미 정상에 이르렀고 당신에게 개인적으로 그 길을 알려주려 노력하는 사람들을 찾으십시오. 그리고 그들을 따르십시오.

그것이 바로 인생에 있어서 지름길입니다.

그들의 경험을 빌려 시행착오로 인한 시간낭비를 없애십시오. 시간은 곧 당신의 에너지를 투자하는 것임을 기억하십시오. 시간은 쏜살같이 지나갑니다.

그렇다면 당신이 기대할 수 있는 것은 무엇일까요?

정상에서의 보상은 매우 경이롭고 달콤합니다. 그러므로 당신은 그것에 의지하여 흔들림 없는 의욕을 지니고 있어야 합니다.

당신은 이러한 사실을 잘 알고 있을 것입니다.

① 다른 사람들이 했다면, 나도 할 수 있다.
② 내가 배우고 노력한다면 그들은 나를 도울 것이다.
③ 그들은 정상에 이르는 검증된 규칙을 갖고 있다.

이미 그 방법은 시험을 통해 검증되어 있습니다. 그리고 많은 사람들이 당신보다 앞서 그 방법을 통해 정상에 이르렀습니다. 그렇다면 남아 있는 질문은 이것뿐입니다.

"당신은 진실로 정상에 오르기를 원합니까?"

당신이 높이 올라가면 올라갈수록 더 위대한 광경을

볼 수 있을 것입니다. 또한 당신의 눈앞에 펼쳐지는 광경은 더욱더 넓어지고 당신의 보상은 더 커지게 됩니다. 더불어 당신의 감정은 더욱 설레고 동기는 날로 증가하게 됩니다. 그것이 바로 정상에서 호흡하는 것입니다.

그러한 과정에 장애물이 있을까요?

물론 있습니다. 당신의 정신력을 검증하려는 수많은 도전들이 그 길 위에 놓여 있습니다. 바로 그것이 승자와 패자를 나누는 것입니다.

하지만 당신은 모험을 해야 합니다. 인생의 정상에 도달하려면 결단력과 신념이 필요한 것입니다. 그러나 늘 고군분투해야 하는 것은 아닙니다. 당신이 올바른 지도를 가지고 올바른 안내를 받게 된다면 생각했던 것보다 훨씬 더 쉽게 정상에 오를 수 있습니다.

이제 정상에 도달하기 위해 등반을 시작하십시오.

어디서부터 시작해야 하냐고요?

현재 서 있는 바로 그 자리에서 시작하십시오.

과정 3 : 당신 자신의 철학을 세워라

질문 : 자신의 철학을 세운다는 것은 무슨 뜻인가?

그것은 당신의 생각 그 자체이기 때문에 현재의 당신을 말하는 것입니다. 그것은 당신이 갖고 있는 정책이며 삶의 관점입니다. 그리고 결과를 얻기 위해 행동으로 옮기는 아이디어들입니다.

질문 : 왜 자신의 철학이 필요한 것인가?
그것은 당신의 외부에서가 아니라 당신 안으로부터 나오는 것이기 때문에 당신의 생각과 행복에 결정적인 영향을 주기 때문입니다.

질문 : 어떻게 자신의 철학을 만들어 갈 수 있는가?
위대한 사고를 찾고 학습하며 더불어 좋은 조언자를 찾아 그 아이디어들을 테스트해 봄으로써 만들어갈 수 있습니다.

자신의 고유한 철학을 선택하는 것은 기본적인 자유입니다. 당신 자신의 원칙과 가치, 동기, 습관, 기대와 삶의 목표를 철저히 점검하는 것은 극히 중요한 일입니다. 왜냐하면 그것이 진정으로 내 것인지 아니면 사회의 통념인지를 알아보기 위해서입니다.

사회에서 정의하는 통념으로 당신 자신의 존재를 만들어가지 마십시오. 만약 당신이 사회적 통념에 따른다면 당신은 재정적 안정을 얻는데 실패하는 95%의 사람이 되고 말 것입니다.

당신 자신의 계획을 글로 옮겨 보십시오.

당신의 성공과 행복의 비전을 말입니다. 무작정 군중을 따르지 말고 당신의 일을 스스로 조절해 보십시오.

만약 당신이 단순하지만 입증된 삶의 원칙들을 적용해 나간다면, 당신의 삶은 한층 더 성숙된 형태로 나타날 것입니다. 물론 그 원칙이라고 하는 것은 사람들이 잊고 지내는 지극히 상식적인 것들입니다.

원칙에 따르십시오.

가장 기본적인 차원으로 돌아가십시오.

당신의 시간과 정력의 초점을 다시 조정해 보십시오.

인생을 단순하게 만드십시오. 그리고 그러한 기술들을 날마다 적용해 보십시오. 그러면 인생은 지금 이 순간부터 당신에게 보상을 가져다 줄 것입니다.

당신의 태도는 어떻습니까?

세상에는 두 종류의 사람들이 있습니다. 즉, **실행하는 사람과 회의하는 사람**입니다. **할 수 있는 사람과 할 수 없는 사람**입니다. 물론 어느 쪽의 태도를 취하든 양쪽 모두 옳습니다. 하지만 좀더 생각해 봅시다.

'나는 할 수 없어'라는 것은 없습니다. 다만 그 말은 '나는 하지 않겠어. 왜냐하면…'이라는 말입니다. 그리고 그것은 시도하지 않는 것에 대한 변명일 뿐입니다.

당신은 할 수 있습니다. 당신이 나약한 변명들을 늘어놓지만 않는다면 말입니다.

나는 할 수 있다.

당신은 늘 이렇듯 강력한 신념을 지니고 있어야 합니다. 이 말 한 마디는 당신으로 하여금 멈추지 않고 한계를 뛰어넘도록 만들 것입니다.

나는 할 수 없다.

이 얼마나 절망적인 말입니까! 이 말 앞에서는 어떠한 시도도 의미가 없습니다. 실패할 것이 불을 보듯 뻔하니까요.

이밖에도 자기파멸을 유도하는 말들은 많습니다.

'나는 모른다', '가진 것이 없다', '만약 나에게 이러이러한 것이 있다면…', '소용없다' 등 당신을 나약하게 만드는 말은 헤아릴 수 없을 정도입니다.

하지만 **'나는 할 수 있다'**는 한 마디는 당신을 상상할 수 없는 높이까지 뛰어오를 수 있도록 힘을 줄 것입니다. 그 나머지 말들은 당신을 점점 나약하게 만들고 실패와 비참함과 절망으로 이끌 뿐입니다.

당신이 어떤 말을 사용하느냐에 따라 보통사람들이 겪

는 고통을 겪게 되는지 아니면 엘리트의 여유 있는 삶을 누릴 수 있을지가 결정됩니다.

당신은 지금 선택의 기로에 서 있는 것입니다.

걱정하지 마십시오. 낸시와 저는 우리의 철학을 개발하였고 그것을 바탕으로 하여 살아가는 방법을 당신에게 알려주기 위해 삶에 대한 아이디어들을 제시할 것입니다.

조건 없는 사랑에 대하여

진정한 사랑은 상대방을 자신과 똑같이 인정하는 것이고 아무런 비판도 가하지 않는 것이며 어떠한 요구도 하지 않는 것이고 아무런 기대 없이 사랑하는 것입니다.

집을 사랑하지 말고 그 속에서 살아 움직이는 것들을 사랑하십시오.

컨트롤에 관하여

우리는 모든 것을 변화시키려 애를 쓰곤 했습니다. 하지만 이제는 모든 것을 그 자체로써 인정하는 것이 훨씬 더 쉬운 일이라는 것을 알고 있습니다.

있는 그대로를 인정하면 스트레스를 훨씬 덜 받습니다. 우리는 이것을 깨달았기 때문에 더 행복해졌습니다. 외부의 것들은 우리가 통제할 수 없습니다. 우리가 통제할 수 있는 것은 우리 안에 있는 것들입니다. 그럼에도 불구하고 많은 사람들이 외부에 있는 것들을 통제하려 애씁니다. 이 얼마나 슬픈 현실입니까!

인생에 관하여

다음은 우리가 매일 살아가기 위해 필요한 공식입니다.
이해하기 위해 의식적으로 **귀를 기울이십시오.**
당신이 배울 수 있는 것은 모두 **배우십시오.**
무조건 진심으로 **사랑하십시오.**
사람들이 행복해지도록 **웃으십시오.**
당신의 모든 재능을 **나누십시오.**
그러면 당신은 **마음의 평화**를 누리게 될 것입니다.
그러면 당신은 **삶의** 풍요를 누리게 될 것입니다.

과정 4 : 당신의 완전한 미래를 설계하라

질문 : 완전한 미래를 설계하라는 말의 뜻은 무엇인가?
인생의 모든 영역에서 생생한 목적을 가지고 시작하는 것입니다. 또한 이미 당신이 지니고 있는 것을 믿는 것입니다.

질문 : 왜 자신의 완벽한 미래를 설계해야 하는가?
완벽한 미래를 설계하면 당신은 당신이 분명하게 구상한 것

을 실현시키게 됩니다. 그것은 마치 물리학에서의 만유인력의 법칙과 같습니다. 당신의 미래는 당신이 무엇을 생각하느냐에 따라 달라지는 법입니다. 즉, 당신이 마음속에 그리는 것을 얻게 되는 것입니다.

질문 : 자신의 완벽한 미래를 어떻게 그릴 수 있을까?
다음과 같은 것을 인식함에 따라 완벽한 미래를 그릴 수 있게 됩니다.
① 목적 - 영적이고 정신적인 것
② 열정 - 당신을 추진력 있게 만드는 연료와 같은 것
③ 의욕 - 해낼 수 있다는 것을 알고 강하게 원하는 상태
④ 목표 - 표적들. 정상에 이르는 표지판
⑤ 행동 - 정상에 오르기 위해 필요한 것

물론 당신이 절망적인 상태이거나 가장 나쁜 상황에 놓여 있을 때, 뭔가를 믿고 시작한다는 것이 어렵다는 것은 잘 압니다.

나도 그러한 상태를 경험한 적이 있습니다.

하지만 바로 그 때가 당신이 새로운 출발을 시작해야 할 시기입니다. 만약 당신이 어떤 변화된 행동을 취하지 않는다면, 그 무엇도 바뀌지 않습니다.

이때, '무엇을 해야 할지 아는 것'만으로는 충분치 않습

니다. 당신은 **실제로 그것을 해내야 합니다.** 그렇지 않으면 당신은 유용한 그 무엇인가를 배우지 못하게 됩니다. 당신은 실천을 통해서만 무엇인가를 배우게 되는 것입니다.

그렇다면 당신이 뭔가를 배웠다는 것은 어떻게 알 수 있을까요?

당신이 변화했을 때, 그 결과에 의해 당신이 뭔가를 배웠음을 알게 됩니다. 그리고 당신의 사고방식, 감정, 행동 등을 바꾼다면 그 결과도 점점 더 좋아지게 될 것입니다.

의욕의 힘은 참으로 놀라운 것입니다.

당신이 가장 의욕에 넘칠 때, 당신이 그것에 맞춰 올바르게 실천을 할 때, 당신은 내리막길을 내려가는 기관차처럼 달려나가게 됩니다.

이때, 인생의 도전과 장애들은 당신의 목적으로부터 당신이 멀어지도록 하지 못할 것입니다. 그리고 당신이 매우 힘차게 달려나가기 때문에 사람들은 단지 당신을 바라보며 감탄하기 위해 당신을 찾아올 것입니다. 아무도 달려가는 기관차 앞을 가로막을 생각은 하지 못합니다.

만약 당신의 의욕이 **열정의 연료를 공급받는다면** 당신 그 자체가 하나의 커다란 힘이 됩니다. 위대한 성공자들은 늘 열정적인 사람들이었다는 것을 명심하십시오.

당신의 핵심적인 의욕을 깨달으십시오. 그것은 당신으로 하여금 인생의 중요한 꿈을 향해 모든 초점이 맞춰지도록 할 것입니다. 그리고 당신의 행동 즉, 매일의 훈련은 당신을 정상으로 이르는 길로 인도합니다.

 요약

정상

정상에 도달하기를 원하는 100명의 사람 중에 95명은 실패하고 맙니다. 단지 5명만이 성공할 뿐입니다. 왜 그럴까요? 그것은 잘못된 사고방식, 잘못된 계획, 잘못된 행동들 때문입니다.

최고의 인생을 상징하는 정상에 선다는 것은 사랑, 가족, 직업, 성취, 개인의 사명 등 인생의 모든 영역에서 질, 가치, 풍요, 의미, 부, 보상을 베풀 수 있다는 것을 의미합니다.

단지 바라기만 하는 것으로 당신은 정상에 이를 수 없습니다. 결코 소홀해서도 안됩니다. 그것은 정확성을 필요로 합니다. 노력과 집중, 특별한 지식, 헌신과 흔들리지 않는 신념, 올바른 계획과 검증된 시스템 그리고 올바른 조언자들을 필요로 하는 것입니다.

여기에 인생의 보장이 있다

당신은 틀림없이 어딘가에 도착할 것입니다. 그러나 그곳이 어디냐가 중요합니다. 당신이 살아가면서 뭔가를 하지 않는다면 당신은 95%에 머물게 됩니다.

생각이 변하지 않으면 95% 속에 머물게 됩니다.

행동이 바뀌지 않으면 95% 속에 머물게 됩니다.

당신이 실패자가 될 확률은 95%입니다.

그것이 바로 당신의 인생입니다.

그리고 그것은 당신의 선택에 달려 있습니다.

시간을 헛되이 흘려보내지 마십시오!

제6장
자유와 공헌을 위한 수단

세상은 시장, 우리는 모두 소비자

당신의 전형적인 일상생활에 대하여 생각해 보십시오.
당신은 날마다 물건을 구입하고 소비하면서 생활합니다. 물론 삶을 즐기기 위해서 뿐만 아니라, 생존과 편의를 위해 수많은 제품들을 구입해서 사용하는 것이겠지요.

잠시만 생각해 봅시다.
우리가 살아가기 위해서는 우선 음식, 주거지 그리고 의복이 필요합니다. 또한 자유롭게 움직일 수 있도록 자동차, 비행기, 배, 연료, 유지 및 수선, 보험 등의 교통수단이 필요합니다. 그리고 전화, 팩스, 컴퓨터, 우편 등의 통신수단은 물론이고 TV, 라디오, 카세트, 디스크, 비디오, 영화, 외식, 레크리에이션, 스포츠 등 삶을 즐길 수 있는 수단도 필요합니다.

하루도 이러한 제품과 서비스를 구입하지 않고 살아가는 사람은 드뭅니다.

세상은 마치 거대한 시장처럼 구성되어 있는 것입니다. 그리고 당신 역시 매주 이러한 제품과 서비스를 막대한 양으로 소비하고 있습니다.

그것이 세상을 돌아가게 하고 있습니다. 그것이 경제학이고 거래입니다. 그것이 소위 '마케팅'이라고 하는 것입니다. '마케팅'이란 당신과 제가 돈을 지불하고 생산자들이 공급하는 품목들을 소비하는 것을 의미합니다. 그러므로 우리는 소비자입니다.

두 가지 부류의 생활방식

당신이 일할 수 있는 한, 당신은 생계를 위해 일해야 합니다. 물론 퇴직을 했거나 실업상태이거나 독립적으로 부유한 상태라면 예외가 될 수 있겠죠.

그러면 우리의 생계 수단에 대해 생각해 봅시다.

당신의 직업은 생계수단의 원천입니다. 그것은 당신이 매일 사용하는 제품과 서비스 그리고 그 밖의 모든 것을 구매하는데 필요한 수입을 제공해 줍니다.

그리고 일을 하는 사람들은 두 가지 부류로 나뉩니다. 즉, 제품과 용역을 공급하는 자영사업가와 그 누군가를 위해 일하는 사람인 것입니다. 따라서 당신은 피고용인이든 고용주든 둘 중의 하나인 셈입니다.

만약 당신이 누군가를 위해 일하고 있다면, 당신은 어떻게 해서든 당신의 수입을 최대로 늘려 많은 사람들이 겪고 있는 슬픈 운명을 극복할 수 있을까요?

물론 그럴 수 없습니다.

왜냐하면 당신의 고용주가 당신의 수입을 결정하기 때문입니다. 그러한 사실을 직시하십시오. 당신의 인생에 있어서 한 시간은 몇 푼 안 되는 돈으로 환산됩니다. 즉, 당신은 가치에 합당하게 지불 받지 못하는 것입니다. 그리고 시간도 제대로 조절할 수 없습니다. 또한 스트레스는 어떻습니까?

만약 당신이 자영업자라면 어떻게 당신의 수입을 증대시킬 수 있을까요? 생각할수록 머리가 아파 올 지도 모릅니다. 더 많은 돈을 투자하고 공장의 규모를 더 늘리고 더 많은 생산을 하고 더 많은 땅을 확보하고 더 많은 사람을 뽑고 더 많은 공문서들을 가져야 하겠죠!

앞에서 언급했던 비극적인 통계를 상기하십시오.

인구의 채 5%도 안 되는 사람만이 재정적인 독립을 확보하게 됩니다. 즉, 95%는 재정적으로 독립하지 못하는 것입니다.

그리고 당신이 기존의 사업방식을 통해 사업을 시작하는 것은 더욱더 우울합니다. 매년 새롭게 시작하는 100개의 사업체 중에서 15년 이후까지 존속하는 것은 겨우 1개뿐입니다. 단지 1개의 사업체만이 살아남는 것입니다. 매우 실망스러운 수치가 아닐 수 없습니다.

그럼에도 불구하고 상위 5%에 속하는 사람들 즉, 재정적으로 독립을 이루는 사람들은 바로 사업가들입니다. 따라서 퇴직하기 전에 재정적 자유를 확보하는 가장 확실한 방법은 **자신의 사업을 하는 것뿐입니다.**

"좋소. 당신의 말이 모두 옳다고 칩시다. 그렇다면 나에게 재정적 자유를 안겨다 줄 그런 사업들 중에서 내가 할 수 있는 것은 뭐죠? 단순하고 비용이 덜 들고 위험부담이 없고 배우기 쉬워 많은 시간이 소요되지 않고 오래지 않아 실질적인 수입을 얻을 수 있는 그런 일이 필요한데 말입니다. 만약 이러한 조건을 충족시킨다면 그야말로 굉장한 사업일 것입니다. 과연 그러한 사업이 존재합니까? 내가 그러한 기회를 찾을 수 있을까요?"

당신의 이 질문에 대답할 수 있어서 무척 기쁩니다. 이제 당신에게 그러한 사업을 소개하겠습니다.

과연 완벽한 평생직업이 될 수 있을까?

100달러도 안 되는 돈을 가지고 사업을 시작하여 맥도널드 프랜차이즈점보다 더 많은 연수입을 벌 수 있는 사업이 있을까요? 물론 있습니다. 그것은 바로 네트웍 마케팅 사업입니다.

15~50달러를 가지고 사업기회를 확보하여 성공으로 이끌어 줄 성공한 안내자를 만날 수 있는 사업이 있을까요? 물론 네트웍 마케팅에서라면 충분히 가능합니다.

어떤 정규교육도 받지 않고 어떠한 뒷 배경도 없는 사람이 월 500달러의 수입에서 벗어나 10만 달러의 수입을 벌 수 있을까요? 물론 네트웍 마케팅에서는 가능한 일입니다.

가정주부가 아이를 양육하면서 여가시간에 재택근무로 일반회사보다 더 많은 연수입을 창출할 수 있을까요? 네트웍 마케팅에서라면 충분히 가능합니다.

사업에 수반되는 위험비용이 누구나 감당할 수 있을 정도로 적은 안정된 시스템이 있을까요? 그에 대한 해답은 네트웍 마케팅이 제공할 것입니다.

현재의 직업을 그만두고 자영사업을 시작하여 1년이나 3년 내에 연간 5만 달러가 넘는 수입을 영구적으로 받을 수 있을까요? 네트웍 마케팅에서는 충분히 가능합니다.

어디에서든 삶을 극적으로 바꿔줄 수 있는 평등하고도 엄청난 기회를 제공하는 사업이 있을까요? 네트웍 마케팅에서 해답을 찾으십시오.

대부분의 사람들은 불경기, 임금 노예, 빚에서 벗어날 방법은 없다고 생각합니다. 하지만 더 나은 길이 있습니다. 당신은 집에서 파트타임으로 현재 하고 있는 일을 동시에 하면서 그 사업을 시작할 수도 있습니다.

당신의 일을 그만둘 필요는 없습니다. 또한 고통스러울 정도의 대단한 결심을 할 필요도 없습니다. 수천 달러의 창업자금이 필요한 것도 아닙니다. 사업 경력 혹은 특별한 전문적 지식도 요구되지 않습니다.

더불어 당신은 행복한 결혼생활 그리고 당신의 자녀들과 함께 하는 시간을 마음껏 가질 수 있습니다. 또한 아내, 남편 그리고 가족의 구성원들이 한 팀이 되어 일할 수도 있습니다.

파트타임 네트웍 마케팅은 재정적 안정으로 얻을 수 있는 자유를 누리게 해줍니다. 그리고 배우려고 하는 사람은 누구나 성공할 수 있습니다. 왜냐하면 적절한 조언자들이 기꺼이 당신을 도와줄 것이기 때문입니다.

하루에 30분이나 1시간 정도를 투자하여 서서히 일을 시작할 수 있습니다. 그리고 책을 읽고 오디오 테이프와 비디오를 통해 배워나갈 수 있습니다. 더불어 전문가들이 개인적으로 당신을 지도하거나 도와줄 수 있고 혹은 원거리 학습도 가능합니다

특히 당신이 배운 것을 억지로 머리에 집어넣으려 애쓸 필요도 없습니다. 왜냐하면 테이프나 책 등 혼자서 배울 수 있는 도구들이 얼마든지 있기 때문입니다. 그것을 통해 스스로 학습을 하고 또한 그것을 다른 사람에게 빌려주어 그들 역시 당신처럼 이해하도록 해주면 됩니다.

이것은 혼자서 스스로 배워나가는 것으로 매우 흥미로운 과정입니다.

이 분야의 거의 모든 사람들은 파트타임으로 일을 시

작합니다. 왜냐하면 이 사업을 시작할 때, 대부분의 사람들이 이미 다른 영역에서 생계를 위해 일하고 있기 때문입니다. 하지만 나중에 네트웍 마케팅에서 나오는 파트타임 수입이 그들이 온종일 매달려 일해야 하는 직장에서 얻는 수입보다 초과하게 되면 직장을 그만둘 수도 있습니다.

사실, 파트타임 수입이 직장생활을 통해 얻는 이익을 초과한다면 직장에 남아있고자 하는 사람은 거의 없을 것입니다. 왜냐하면 좀더 많은 시간적 여유를 즐기면서 가족, 친구, 여행, 교회, 지역사회 봉사, 취미 등의 활동을 활발하게 전개할 수 있기 때문입니다.

상상해 보십시오.

당신은 온종일 직장에 얽매이지 않아도 되고 매달 월급날만 목이 빠지게 기다릴 필요도 없습니다. 이제 당신은 자신의 집, 자동차, 가구 등 모든 것을 갖게 됩니다. 그리고 빚도 없습니다. 물론 은행에는 현금이 넘치고 신용카드에도 부채잔고가 없습니다.

따라서 만약 당신이 원하기만 한다면 오늘 당장 마음껏 쇼핑을 할 수도 있습니다. 아니면, 단순히 쉬고 싶다는 이유만으로 2주일간의 휴가를 떠날 수도 있습니다. 그리고 푹 쉬고 돌아왔을 때, 당신이 없는 동안에도 당신의 수입이 불어났음을 알려주는 월간고지서를 받게 됩니다.

굉장하지 않습니까?

도저히 믿을 수가 없나요?

하지만 저는 지금 당장이라도 이러한 생활을 즐기고 있는 많은 사람들을 당신에게 보여줄 수 있습니다. 그들에게는 계속해서 불어나는 잉여소득이 있고 직장 상사는 없으며 종업원도 두통도 없습니다. 그리고 그 모든 것은 단순한 파트타임 활동으로부터 누리게 되는 것입니다.

거대한 사업체를 소유한 백만장자들도 시간적 제약과 두통거리는 있기 마련입니다. 하지만 지금 제가 말하고 있는 사업은 그들보다 더 나은 삶을 즐길 수 있도록 해주는 유일한 형태의 사업입니다.

여기에는 스트레스가 없습니다.

그렇다고 네트웍 마케팅이 모든 사람에게 그러한 혜택을 주는 것은 아닙니다. 다만, 가장 보상이 많고 아름다운 방식으로 살기 위해 자유를 추구하는 사람들에게만 혜택을 줍니다.

네트웍 마케팅은 **인생의 장애를 최소화시키고 성취를 향한 개인의 잠재력을 극대화시키는 사업입니다.**

그것은 경쟁이 매우 치열하여 때로는 잔인하기까지 한

이 세상에 평등을 가져다줍니다.

세상의 어떤 사업이 주부에게 나이든 사람들에게 소수의 사람들에게 불리한 처지에 놓인 사람들에게 단지 순수한 열정과 의욕이 있다고 하여 몇 년 안에 풍요로운 삶과 재정적 안정을 만들어 줄 수 있겠습니까?

그러한 사업체는 없습니다. 다만, 네트웍 마케팅만이 그러한 사람들에게 희망을 제공하고 있을 뿐입니다.

네트웍 마케팅은 **보통 사람들도 특별한 성공을 할 수 있도록 만듭니다.** 네트웍 마케팅에는 편견이 없습니다. 그 시스템에는 아름다움과 정의와 힘이 있을 뿐입니다.

누가 그러한 사업을 하고 있는가?

네트웍 마케팅은 나이, 배경에 상관없이 누구나 할 수 있습니다. 노동자, 주부, 학교 선생, 자영업자, 경영인, 의사, 목사 등 세계 어느 누구나 할 수 있는 것입니다.

실제로 거의 50여년 동안 고등교육을 받은 수많은 전문가들도 네트웍 마케팅 사업에 합류하고 있습니다. 그렇다면 그러한 사람들이 이 사업을 선택하는 이유는 무엇일까요?

그것은 아름답게 일할 수 있기 때문입니다.

매우 합리적이기 때문입니다.

다른 어떤 직업도 주지 못하는 높은 보상, 만족, 개인의 자유를 제공해주기 때문입니다.

그러므로 당신은 당신의 가치에 상응하는 보상을 받을 기회를 얻게 될 것입니다. 무제한의 현금 유입이 생길 것입니다. 그것은 그저 단순한 상식에 지나지 않습니다.

만약 네트웍 마케팅 사업이 합법적인 삶의 방식이 아니라면, 여러 가지 교육과 인턴과정을 이수하기 위해 많은 시간과 돈을 투자한 의사들이 네트웍 마케팅 사업에 헌신할 수 있겠는지 진지하게 생각해 보십시오.

기업계나 노동계의 작업환경은 경악을 금치 못할 지경입니다. 엄청난 축소와 막대한 인력해고, 기업구조조정, 인수, 합병, 파산 등 대단히 불안한 상황입니다.

많은 사업주들과 근로자들에게 이러한 현상이 일어나고 있는 다른 한편에서 우리들 대부분은 번영을 누리고 있습니다.

그리고 무엇보다 두려운 사실은 경제상황이 앞으로 더 좋아질 것 같지 않다는 점입니다. 하지만 불황은 우리가 몰고 있는 기관차에 연료를 더해줍니다. 그리하여 우리의 사업은 계속해서 폭발적으로 성장해 왔고 앞으로도 그럴 것입니다.

우리는 재미를 느낄 뿐, 스트레스는 없습니다. 위험도 없고 상사도 없습니다. 그리고 무한대의 보상이 존재합니다. 또한 재정적 안정과 자기만족, 완벽한 정서적 평화를 누립니다. 더불어 파트타임으로 온종일 일하는 사람들보다 더 많은 수입을 벌어들일 수 있습니다. 게다가 우리 스스로 자신의 소득수준을 결정할 수 있습니다.

한편, 우리는 우리의 사업을 통해 커다란 기쁨을 누리며 언제나 어느 곳이나 여행을 다닙니다. 그리고 어디에 가든 우리와 같은 꿈을 공유할 매력적이고 새로운 친구들을 만납니다.

네트웍 마케팅 사업자들은 다른 사람의 성공을 도와줌으로써 자기 스스로 만족감을 창출해 냅니다. 그리고 이것이 바로 우리가 세우고자 하는 자기철학이고 또한 그것은 우리의 목적과 일치하는 것입니다.

최근의 어느 잡지 기사를 보면, 네트웍 마케팅에 종사하는 사람들의 80%가 여성이라는 통계가 나와 있습니다. 또한 학교 교사와 여성들이 성공적인 사업자로서 가장 커다란 그룹을 형성하고 있다는 얘기도 있습니다.

그것은 그다지 놀랄 만한 일이 아닙니다.

다음에 전개되는 낸시 페일러의 이야기에 주목해 주십시오.

"네트윅 마케팅에 종사하고 있는 여성들은 인생을 즐기며 살아가고 있습니다. 당신은 집에서 자녀를 돌보고 싶지 않습니까? 반복되는 출퇴근의 고달픔으로부터 벗어나고 싶지 않습니까? 배우자나 친구들과 새로운 곳을 여행하는데 많은 시간을 투자하는 것은 어떻습니까? 당신은 당신의 라이프스타일을 업그레이드하여 당신의 친구들도 그렇게 되도록 도움을 주고 싶지 않습니까?

만약 당신의 대답이 '네'라면, 우리는 당신을 우리의 인생 상담 팀에 초대하고 싶습니다.

당신의 수입이 일정 수준에 도달하면, 당신은 빚이나 돈 걱정에서 벗어날 수 있을 것이고 또한 당신이 원하는 것은 무엇이든 할 수 있을 것입니다. 그러면 당신이 인생을 소유하게 되는 것입니다. 그것은 곧 당신이 전적으로 당신이 하는 모든 것을 통제할 수 있다는 의미가 됩니다.

나의 친구 앤은 주당 60~80시간을 일하면서 자기 앞에 놓인 회사의 인사체계라는 까마득한 사다리를 타고 힘들게 올라가야 한다는 현실 앞에서 완전히 좌절하고 있었습니다. 하지만 지금 그녀는 완전히 자신의 인생을 갖게 되었습니다. 즉, 그녀는 자신의 운명을 전적으로 통제하게 된 것입니다.

그녀는 **더 좋은 삶을 위한 더 좋은 길**을 찾은 것입니다. 심지어 그녀는 남편과 친구들을 위한 시간도 갖게 되었습니다.

실제로 많은 여성들이 자신만의 수입 원천을 갖고 있는 것이 자아성취와 행복에 대한 해답임을 알고 있습니다. 저는 온갖 지루하고 장래성 없는 일들을 해보고 난 후에야 이것을 깨닫게 되었습니다.

회사의 여러 가지 부당한 정책들과 맞서 싸워가며 힘들게 밟아나가는 직장의 계단은 쥐꼬리만한 만족을 대가로 엄청난 스트레스와 좌절을 겪게 만듭니다.

하지만 당신이 네트웍 마케팅을 통해 집에서 자신의 사업을 꾸려나간다면, 그것은 행운이라고 할 수 있습니다.

네트웍 마케팅에서는 삶의 대안이 있습니다. 그것은 보다 더 나은 길입니다. 지금 저는 제 삶을 살고 있고 당신 역시 당신의 삶을 살 수 있습니다.

왜 좋은 삶을 위해 노력하지 않습니까?

좀더 차별화 된 새로운 삶을 살아갑시다."

무척 흥미로운 이야기가 아닙니까?

낸시는 지난 10년 동안 자신과 남편인 돈 그리고 아들

도그와 그렉이 발견했던 마음의 평화와 풍요 같은 것을 얻을 수 있도록 수 천 명의 사람들을 도와주었습니다.

낸시는 자신이 하는 일에 대해 열정을 갖고 있습니다. 그것은 바로 그녀의 인생에 대한 사명이었던 것입니다.

우리가 네트웍 마케팅에 참여했던 주된 이유 중의 하나는 우리의 새로운 친구들에게 투자함으로써 일에 대한 우리의 **투자원칙**을 그들에게 전해줄 수 있었기 때문입니다.

우리는 우리가 주의 깊게 가르쳐주고 성장하고 성공하고 풍요에 이르도록 도와주는 소수의 사람들에게 이러한 생활방식을 소개시켜줌으로써 가장 고상한 방법으로 남을 돕는 것을 실현하고 있습니다.

우리는 우리의 사업을 다른 사람들에게 소개하는 것에 대해 관심이 높습니다. 왜냐하면 이 사업에서는 사람이 곧 사업이기 때문입니다. 그래서 우리는 이것을 **인맥사업**이라고 부릅니다. 그것은 곧 다른 사람들이 성공하도록 도움을 준다는 것을 의미합니다.

이 사업에서 높은 소득을 올리는 사람들은 당신의 성공을 돕기 위해 그들이 할 수 있는 모든 노력을 다 기울일 것입니다. 심지어 그들은 당신이 그들보다 더 크게 성공하기를 기대하고 있습니다.

그런데 어떻게 정상에 오르기 위해 동료를 짓밟고 올라서야 하는 전형적인 직업과 이 사업을 비교할 수 있겠습니까?

네트웍 마케팅은 우리가 이전에 보았던 그 어떤 직업이나 사업과는 다릅니다.

그렇기 때문에 대부분의 사람들이 이 사업을 이해하는 데 상당한 시간이 걸립니다. 그것은 그들이 과거의 사고방식에 익숙해져 있기 때문입니다. 또한 그들의 사고방식이 전통적인 사업세계로부터 형성된 것이기 때문입니다.

하지만 네트웍 마케팅 사업의 근본원칙들을 올바르게 이해하기 위해서는 당신이 현재 지니고 있는 모든 개념들을 버리고 마음의 문을 활짝 열어야 합니다.

다시 한번 강조하지만, 어떤 편견이나 기존의 개념들을 지닌 상태에서는 이 사업의 마케팅 시스템을 제대로 볼 수 없습니다. 만약 당신이 이 사업을 제대로 이해하려면, 기존의 잘못된 생각들을 즉시 버려야 합니다.

우리를 믿으십시오.

우리가 그것을 어떻게 장담할 수 있느냐고요?

왜냐하면 우리는 이 사업에서 성공했기 때문입니다. 당

신 역시 올바르게 이 사업을 전개하는 사람들을 지켜보십시오. 그들은 모두 자신의 시간계획 속에서 원칙과 개념을 만들어나가고 있습니다. 이 사업에 대해 정확히 이해하기 위해 노력하는 사람은 반드시 그만한 대가를 얻게 될 것입니다.

하지만 너무 앞서 판단하려 하지 마십시오.

진실을 배우기 위해 성공적인 사업자들과 먼저 이야기 해보십시오. 결코 이 사업을 시도했다가 실패한 사람들로부터 정보를 얻지 마십시오. 그들은 분명히 이 사업에 대해 제대로 이해한 것이 아닐 테니까요.

이 책을 당신에게 권한 사람은 어떻습니까?

제5장의 교훈을 기억하고 성공적인 조언자를 찾도록 하십시오. 그것이 바로 인생의 가장 위대한 지름길 중의 하나입니다.

그러나 세상에는 진리에 귀를 기울이려 하지 않는 사람들이 너무 많습니다. 그들의 마음은 닫혀 있고 그 무엇도 신뢰하려 하지 않습니다. 즉, 그들은 마음속의 믿음이 너무 작거나 거의 없기 때문에 자신의 낡은 사고방식에 얽매여 있는 것입니다.

우리는 이 사업을 전개하면서 그런 사람들을 많이 만

나기도 합니다. 많은 회의주의자들, 비판자들, 의심 많은 사람들이 있는 것입니다. 그러나 자기 자신과 사업에 대해 견고한 믿음을 가지고 있는 우리는 지금까지 매우 잘 해왔습니다. 왜냐하면 우리는 믿었기 때문입니다.

마케팅이란 무엇인가?

'마케팅'이란 제품이나 서비스가 보상을 받기 위해 공급자로부터 소비자에게로 가는 루트를 말합니다. 다시 말해 그것은 당신의 욕구가 채워지는 시간을 의미합니다.

그리고 제품은 소비자에게 일정한 혜택을 제공합니다. 이러한 원리를 보다 쉽게 설명하기 위해 지금부터 제품과 서비스의 구입과정을 살펴보겠습니다.

당신은 제품을 어떻게 구입합니까? 그것은 어떻게 하여 생산자로부터 당신에게로 옮겨집니까? 이러한 질문에 대답하기 전에 다음과 같이 전형적인 마케팅 유통체계들을 살펴보십시오.

소매 : 당신은 식료품 점, 주유소, 쇼핑센터, 쇼핑몰 등을 이용하는 이 방법에 매우 친숙합니다. 또한 맥도널드, KFC 등의 프랜차이즈점도 이 방법을 이용합니다. 이들

소매업체들은 당신이 직접 가게에 들어가서 제품을 사도록 합니다.

직접판매 : 이 방법은 외판원들이 당신에게 접근하거나 당신이 물건을 구입하기 위해서 외판원들을 찾아 나서거나 둘 중의 하나입니다. 전화회사, 자동차 중개상, 미용실, 주방용품 외판원, 텔레마케팅, 신용카드 등이 그 예가 됩니다. 우리는 이것들을 모두 사용하고 있습니다.

통신판매 : 이것은 제품을 소비자들에게 직접 배달해 주는 또 다른 방법입니다. 당신은 당신의 우편함에 배달된 잡지광고, 카탈로그, TV 광고 등을 보고 어떤 상품을 구입할 지 예상한 다음 전화나 우편으로 주문합니다.

이러한 방법으로 판매를 하는 생산자들은 당신의 소비욕구를 불러일으키기 위해 어떤 노력을 기울일까요? 물론 광고입니다.

사실, 현대인은 모두 광고의 홍수 속에 파묻혀 있습니다. 매년 수십 억 달러나 되는 돈이 A라는 상표에서 B라는 상표로 당신의 선택을 옮기도록 유도하는데 쓰이고 있습니다. 그리고 이처럼 천문학적인 광고비용은 모두 당신이 구입하는 제품 가격에 포함되어 있습니다.

당신이 구매하는 모든 품목의 원가에 많은 영향을 주는 또 다른 요인은 바로 유통단계입니다. 실제로 대부분의 제품이 최초의 생산자로부터 소비자에게로 옮겨가는 과정에서 몇 사람의 손을 거치게 됩니다. 즉, 중개인, 배달인, 트럭기사, 도매상 그리고 소매상 등의 손길이 필요한 것입니다.

그리고 제품이 그들의 손을 거쳐갈 때마다 제품의 가격은 2배, 3배로 뛰게 됩니다. 그리하여 결과적으로 당신은 그러한 모든 유통 과정에 대한 부담을 고스란히 물게 되는 셈입니다.

하지만 당신이 직접 공장에서 물건을 구입한다면, 당신은 모든 유통단계를 없애버릴 수 있습니다. 그렇기 때문에 공장도가격이 더욱더 합리적인 것입니다.

네트워킹이란 무엇인가?

'소문'이 어떻게 퍼지는지 알고 있죠?
이미 알고 있다시피 입에서 입으로 전달되는 소문은 매우 빨리 퍼져나갑니다.

나사렛 예수에 관한 이야기를 기억해 보십시오.

그는 세상에 나아가 진리를 설파했고 하나님의 말씀을 전하였습니다. 제자들이 그를 따랐고 그 교훈을 배웠습니다. 그리고 나서 그들은 또한 그 예수에 관한 이야기를 했습니다. 오늘날 기독교는 이 세상에 얼마나 많이 퍼져 있습니까? 그것이 어떻게 그토록 커지게 되었을까요? 바로 입에서 입으로 퍼져나가면서 그렇게 된 것입니다.

한 사람이 다른 사람에게 말하고 각각의 사람이 또 다른 사람에게 말하는 연쇄반응을 복제라고 합니다. 그리고 입에서 입으로 전해지는 복제는 한 단계 한 단계를 거칠 때마다 두 배씩 커지고 더불어 두 배씩 늘어납니다.

네트웍 마케팅 사업자들은 이러한 원리를 잘 알고 있습니다. 그리고 그것을 적극 이용합니다.

예전에 저는 'ET'라는 영화를 보러갔습니다. 당신도 아마 그 영화를 보았을 것입니다. 그것은 사랑이 지구에만 국한되는 것이 아니라는 메시지를 전해주는 감동적인 이야기였죠. 보편적인 사랑을 다루고 있는 그 영화에 저는 깊은 감명을 받았습니다.

그래서 저는 제 친구와 가족들에게 그 영화를 추천하였습니다. 그들의 대부분은 그 영화를 보았고 그들 역시 다른 사람들에게 그 영화를 추천했습니다.

이러한 과정에서 무슨 일이 일어났는지 아십니까?

바로 구전(口傳) 마케팅입니다.

복제입니다.

성장이 일어난 것입니다.

마케팅 사이클에서 어느 한 소비자가 자신의 만족감을 다른 사람에게 말할 때, 그것은 '소비자 추천'으로 알려지게 됩니다.

즉, 그는 다른 사람에게 '추천'이라는 형식을 통해 어떤 제품에 대해 광고를 하고 있는 셈입니다. 그리고 그것은 시장의 크기를 확장하게 됩니다.

우리는 늘 그러한 광고를 하고 있습니다. 하지만 그것이 너무나 자연스럽게 이루어지기 때문에 우리가 그것을 깨닫지 못하고 있을 뿐입니다. 그리고 우리는 별다른 생각 없이 제품을 추천하는 것이지만, 생산업자들은 그러한 현상을 매우 좋아합니다.

그것이 바로 '자유광고'입니다.

결국 당신은 제품을 추천하는 대가를 받지 않고 시장을 개척해주고 있는 셈입니다. 어쨌든 당신은 우리가 시장이 자라도록 도와주고 있음을 확실히 알게 되었을 것입니다.

네트웍 마케팅이란 무엇인가?

'네트웍 마케팅'은 이름 그대로 '네트워킹'과 '마케팅'의 합성어입니다.

네트웍 마케팅을 도입한 생산시스템 하에서 생산자는 소비자들에게 유용한 혜택을 주는 제품들을 생산하기 위해 훌륭한 생산라인을 갖고 있습니다. 그러나 막대한 자금을 투자하여 엄청난 규모의 광고를 하고 전국적으로 영업사원들을 고용하며 중간 도·소매상의 단계를 거치는 것이 아니라, 그 제품을 공장도가격으로 직접 소비자에게 제공합니다.

예를 들면 우편주문판매(혹은 통신판매)와 비슷하다고 할 수 있습니다.

그렇다면 사람들은 이렇듯 독특한 제품이 있다는 사실을 어떻게 알 수 있을까요? 그것은 바로 입에서 입으로 전달되는 소문에 의해서입니다. 즉, 스스로 만족감을 느낀 소비자에 의해 다른 사람에게 추천되고 있는 것입니다. 그러므로 그 제품들은 확실히 품질 면에서 우수하고 가치가 있을 것입니다. 그렇지 않다면 다른 사람에게 추천을 하거나 권하는 일이 없을 것이기 때문입니다.

그런데 무엇보다 흥미로운 사실은 당신이 지금까지 살아오면서 자연스럽게 무의식적으로 행해왔던 일에 대해 보상을 받게 된다는 점입니다.

네트웍 마케팅 회사들은 시장이 성장하는 것을 도와주

는 입 소문을 더욱더 확산시키기 위해 소비자들에게 각종 리베이트와 자동차 경품, 수당, 여행, 이익 공유, 모든 종류의 인센티브 등을 통해 보상을 해주는 것입니다.

네트웍 마케팅 사업자는 무엇을 하는가?

우리는 네트웍 마케팅 사업자입니다.

우리는 독립적으로 계약을 따내는 사람입니다.

우리는 그들의 사업을 대행해줍니다. 그리고 사람들이 매일 집에서 사용하는 우수한 제품들을 생산 및 공급하는 네트웍 마케팅 생산자를 대표하여 일합니다. 더불어 이들의 회사에서 나온 제품들을 다른 사람들과 함께 사용하고 그들과 사업을 공유함으로써 제품이 널리 판매되도록 하고 그것을 통해 보상을 받습니다.

당신은 이미 보험사, 여행사, 주식중개인 등 많은 대리점에 대해 익숙합니다. 그들은 제품이나 서비스를 제공하는 회사를 상징하는 사람입니다. 그리고 그들 대리점들은 우리처럼 시장을 확대하는데 따른 보수를 받고 있습니다.

그러면 우리는 어떻게 시장을 확대할 수 있을까요?

그것은 개인적인 만남을 갖거나 우리가 전달하는 구전광고를 통해 가능해집니다.

그러기 위해 우리는 매달 우리가 직접 사용할 목적으로 관련회사의 몇 가지 제품을 구입합니다. 우리가 그것을 구입할 때에는 공장에서 직접 배달하는 방식을 이용하는 셈입니다.

그리고 그것을 사용하는 것은 매우 즐거운 일입니다. 우리가 물품대금을 생산자에게 송금해주면 우리는 질 좋은 제품을 합리적인 가격으로 구입할 수 있는 것입니다.

우리가 매일 그리고 매주 하는 활동은 예전의 우리처럼 다람쥐 쳇바퀴 돌 듯이 살아가는 일에 싫증을 느끼는 사람들을 찾는 것입니다. 즉, 인생으로부터 더 많은 것을 추구하는 사람들 말입니다.

당신 주변을 둘러보십시오. 얼마나 많은 사람들이 자신이 처한 상황에 대해 행복을 느끼고 있습니까? 아마 거의 없을 것입니다.

우리는 우리와 비슷한 욕구를 갖고 있는 사람을 만났을 때, 우리가 사는 것처럼 살아보고 싶다는 꿈을 갖고 있는 사람을 만났을 때 그들에게 네트웍 마케팅에 대해 가르쳐 줍니다.

그들이 자신의 삶에 대해 책임지고자 한다면 혹은 그들이 수많은 사람들이 이미 겪었던 인생의 스트레스와 근심 걱정을 떨쳐버리고자 한다면 우리는 그들에게 독립된 새로운 사업자가 되는 방법을 알려줍니다.

그러면 그들은 우리가 했던 것처럼 자영 계약자로 등록을 하고 나서 우리가 가르쳐준 대로 다른 사람들을 가르치면 됩니다.

복제의 힘이 사업을 굴러가게 한다

그러면 오래지 않아 이러한 상황이 전개됩니다.

당신의 가르침을 받은 모든 사람들은 다른 사람에게 가르치고 그 사람은 또 다른 사람에게 가르치고 그것이 계속하여 두 배 이상씩 늘어나게 됩니다. 마치 기독교가 성장해왔던 것처럼 말이죠.

그러면 비교적 짧은 시간 내에 이러한 복제과정이 거대한 비율로 자라나게 됩니다.

이러한 과정을 쉽게 설명해 볼까요?

예를 들어 당신이 좋아하는 식당이 있다고 합시다. 이달에 당신은 저녁을 함께 먹기 위해 친구 한 명을 데려갔습니다. 그러면 그 식당에는 벌써 두 명의 고객이 생긴 것입니다. 그 다음 달에 당신은 또 다른 친구를 그 식당에 데려갑니다. 그리고 당신의 첫 번째 친구 역시 자신의 친구 한 명을 데려갑니다. 그리하여 결국 네 명의 고객이 생긴 셈이죠.

세 번째 달에 당신은 또 다른 친구를 데려가고 당신이 식당에 데려갔던 다른 사람들이 당신과 같은 일을 하게 되면 여덟 명의 고객이 생기게 됩니다.

만약 이러한 행동이 연속적으로 일어났고 또한 그렇게 1년이 지났다면 얼마나 많은 고객들이 그 식당에서 저녁을 먹고 있을까요?

무려 4,096명입니다!

믿을 수 있겠습니까? 한 사람이 무려 12번의 자기증식을 한 것입니다. 1, 2, 4, 8, 16, 32, 64, 128, 256, 512, 1024, 2048, 4096!

그렇다면 얼마나 많은 사람들이 개인적으로 초청된 셈입니까? 매달 1명씩 12명입니다. 이렇듯 기하급수적인 증가는 가히 환상적입니다!

이제 그 식당 주인이 당신의 추천과 소비자 선호 때문에 얼마나 많은 돈을 벌게 되었는지 계산해 봅시다. 1인분에 20달러라고 했을 때 4,096명을 곱하면 12달 수입이 81,920달러가 됩니다.

그런데 그 식당주인은 당신이 식당을 광고해준 대가로

얼마를 보상해 주었죠? 물론 아무런 보상도 해주지 않았습니다.

여기에 바로 핵심포인트가 있습니다.

이것이 만약 네트웍 마케팅 사업이라면 당신은 매월 로열티 즉, 총 매출액의 일정 퍼센트를 당신의 보상으로 받게 되어 있습니다.

단지 한 달이 아니라 매달 그리고 매년 말입니다. 그것을 일컬어 '로열티 수입(인세 수입)'이라고 합니다. 그리고 그것은 당신의 조직이 성장함에 따라 매월, 매년 거듭하여 증가하게 됩니다.

위의 사례에서 본 것처럼 만약 네트웍 마케팅 회사가 81,920달러를 벌어들였다면 그 식당과 달리, 당신은 아마도 2,000달러에서 8,000달러의 수입을 매달 수수료로 받게 되었을 것입니다. 그것은 시장을 개발한 것에 따른 대가인 것입니다.

물론 보상구조는 당신 회사의 시스템이나 현재의 위치에 따라 다소 달라질 수 있습니다. 왜냐하면 각 프로그램에서는 몇 가지 다른 보상기준들이 있기 때문입니다.

당신은 항상 낮은 단계에서 시작하여 최상위 수준까지 당신의 단계를 늘릴 수 있습니다.

당신도 이미 알고 있겠지만 이러한 사업에서 돈을 번 사람들의 믿기 힘든 수입은 구전을 통해 일어난 강력한 기하급수적 성장에 의해 창출된 것입니다. 실제로 물건을 팔기 위해 어떤 제품을 산더미처럼 쌓아놓은 것이 아닌데도 말입니다.

즉, 당신은 직접적으로 제품을 판매하는 것이 아니고 당신이 개인적으로 제품을 건네주는 것도 아니며 다만, 그들이 그렇게 하도록 장려하는 일을 하면 됩니다.

그렇다고 당신이 혼자서 4,000명의 사람을 모아 가르쳐야 하는 것도 아닙니다. 우리의 설명에 따른다면 당신은 단지 12달 동안 12명의 사람에게 그것을 설명하기만 하면 됩니다.

그리하여 당신은 재미있고 빠른 방법으로 거대한 조직을 구성하는 방법을 사람들에게 가르칠 수 있으며 그 과정에서 엄청난 잉여소득을 창출할 수 있습니다.

그리고 해가 지남에 따라 당신은 재정적 변화를 모색하는 사람들을 많이 만나게 될 것입니다. 그때, 당신은 이 단순하고 강력한 유통기술을 배우려 관심을 보이는 사람 누구에게라도 가르치기만 하면 됩니다. 그렇게 하다 보면 마침내 당신은 정상에 도달할 것입니다.

당신은 결코 물건을 잔뜩 쌓아놓을 필요가 없습니다.
당신은 결코 영업사원이 아닙니다.
당신이 엄청난 수의 사람들에게 이 시스템을 가르쳐야 하는 것도 아닙니다.

그러나 당신이 원한다면 도매가격으로 물건을 구입할 수도 있고 그것을 소매가격으로 팔 수도 있습니다. 따라서 주부나 학교 교사들은 네트웍 마케팅 사업에 훨씬 더 유리합니다. 왜냐하면 이 시스템은 파는 것이라기보다 가르치는 방식이기 때문입니다.

그리고 당신이 다른 사람에게 그들이 원하는 삶의 방식에 도달하는 방법을 가르칠 때마다, 당신의 조직은 성장하고 또한 모든 사람들은 훌륭한 제품들을 구매하여 사용하게 됩니다.

네트웍 마케팅을 다른 모든 것과 차별화 시키는 두 가지 중요한 특성은 바로 '잉여소득'과 '기하급수적인 성장'입니다. 즉, 영구적으로 축적되는 매달의 로열티에다가 그것이 두 배씩 성장하는 것입니다.

당신이 매우 선호하는 상품을 매일 소비하고 그것을 다른 사람에게 단순히 추천하는 일을 통해 상상할 수조차 없는 수입을 얻어 새로운 삶의 방식으로 살아갈 수 있다면, 어찌 이러한 방법을 배우지 않을 수 있겠습니까?

후원이라는 것

우리가 이 분야로 새로운 사람을 이끌어 그들을 후원하고자 할 때, 우리는 그들의 성공에 대해 책임감을 가져야 합니다. 그것은 장인들의 도제와 같은 것입니다.

이 시스템에서 그들은 학생이고 우리는 기술자입니다. 우리의 목표는 우리가 아는 모든 것을 새로운 사람에게 가르쳐서 그들이 다른 사람들을 훈련하는 방법을 배우도록 돕는 데 있습니다. 우리는 이것을 위해 개인적인 조언뿐만 아니라 교육 도구를 함께 사용합니다.

그러면 점점 시간이 지나면서 사람들은 이 시스템의 원칙들을 이해하기 시작하고, 우리가 한 것처럼 다른 사람들에게 이 시스템을 소개하고 훈련시킵니다. 아울러 그들은 배우는 과정 중에도 돈을 벌게 됩니다.

그것이 어떻게 대학이나 직업 훈련소에 들어가는 것과 비교될 수 있겠습니까?

그곳에 가면 당신은 돈을 벌 수도 없고 진정한 배움을 얻지도 못하면서 오히려 돈을 내야 합니다. 하지만 네트웍 마케팅에서는 4년 후면 정상으로 우뚝 설 수 있습니다. 그러나 대학 4년 과정을 마친 당신은 무엇을 하게 될까요? 아마도 일자리를 찾아 방황하게 될 것입니다.

우리에게 훈련을 받은 사람들은 결국 유능한 사람이 되어 더 이상 우리의 직접적인 보조가 필요 없게 됩니다. 그 시점에 이르면 그들은 성공적인 네트웍 마케팅 리더가 될 것입니다. 우리는 이것을 일컬어 '라이프스타일 훈련'이라고 부릅니다.

그리고 우리는 함께 일을 해나가면서 친밀한 우정을 키워나갑니다. 우리는 그들의 성공에 대해 많은 관심을 갖고 있습니다. 왜냐하면 그들이 성공하지 못한다면 우리도 성공할 수 없기 때문입니다.

이 시스템에서 성공이란 다른 사람들이 성공하도록 가르치는데 핵심이 있습니다. 우리의 친구가 그 시스템을 다른 사람에게 가르치는 방법을 배우는데 실패한다면 우리의 성공은 그 자리에서 멈추게 됩니다. 그러면 생산자로부터 더 이상 구매가 이루어지지 않게 되고 따라서 보상도 제공되지 않게 됩니다. 그러므로 그들의 성공은 우리의 성공에 아주 중요한 요소입니다.

우리는 함께 일했던 모든 사람에 대하여 합법적인 지분을 갖고 있습니다. 따라서 우리는 그들을 섬기는 훌륭한 종이 되어야 합니다 그렇지 않으면 실패하고 말 것입니다. 그것이 라이프스타일 리더로서 우리의 의무입니다.

얼마나 오래 배워야 하나?

그것은 각 개인들마다 다릅니다. 어떤 사람은 즉시 핵심을 파악해서 재빨리 배운 대로 가르치기 시작하는 반면, 또 다른 사람들은 6개월 혹은 그 이상 걸려도 그것에 대하여 제대로 시도하지 못하는 경우도 있습니다.

저의 경우는 1년이 걸렸습니다.

라이프스타일 리더는 또한 그들 자신이 직접 소비자가 됩니다. 그들은 어떤 곳에 돈을 써야 할 지를 배우고 그로 인해 이익은 물론 날마다 질이 좋은 상품을 사용할 수 있게 되며 무엇보다 만족할 만한 수입을 창출할 수 있습니다.

하지만 많은 사람들이 조직을 만드는 빠른 방법을 습득하지 못하고 포기하고 맙니다. 그들은 네트웍 마케팅에 대해 그릇된 생각을 지니고 일하며 성공적이지 못한 기술을 적용하고 있는 것입니다.

그래서 그들은 실패하고 맙니다.

저도 첫 해에는 성공하지 못했습니다. 그러나 저는 이러한 좌우명을 가지고 있었습니다.

"당신이 실패하는 유일한 길은 포기하는 것이다."

저는 결코 포기하지 않았습니다. 정상에 도달하고 싶습니까? 그러면 절대로 도중에 그만두지 마십시오.

얼마나 벌 수 있는가?

그 한계는 없습니다.

당신은 당신의 수입을 스스로 결정하게 됩니다. 당신은 작든 크든 원하는 대로 벌 수 있습니다. 그리고 이 사업을 부업 차원에서 할 수도 있고 또한 본업으로 할 수도 있습니다.

당신이 자신의 소득수준에 만족한다면 더 이상 다른 사람들을 가르치는 것을 중단할 수도 있습니다. 하지만 관성이 붙은 수입은 그 이후에도 계속 성장하게 됩니다.

그러나 아직까지 저는 성공적인 사업자가 이 일을 그만두었다는 얘기를 들어보지 못했습니다. 이것은 결국 사람들의 삶을 바꾸도록 돕는 이 사업이 매우 즐거운 일이라는 것을 알게 해줍니다.

제가 아는 백만장자들은 아직도 그 일을 계속 하고 있

습니다. 과연 왜 그럴까요? 그것은 누군가의 삶을 단기간 내에 바꿔주는 일을 통해 따뜻하고 인간적인 느낌을 얻기 때문입니다. 그것은 형언할 수 없는 감정입니다.

여기서 당신에게 한 가지 주의를 주고 싶습니다. 그것은 이 사업에서 당신의 수입은 일정기간의 시간이 지난 후에야 비로소 지속적이고 기하급수적으로 성장하게 된다는 점입니다.

따라서 초기 단계에서는 아마도 몇 달 혹은 몇 년 동안 많은 훈련을 받을 것이고 그 기간 동안 작거나 일정 정도의 보상만 받을 수도 있습니다.

그러나 시간이 지나면 그것이 수입을 배가시키는 요소가 되어 당신에게 훌륭한 보상을 안겨줄 것입니다. 그리고 더 많은 시간이 지나면 그리고 당신이 이 일을 계속한다면 그것은 경이적인 보상을 가져다 줄 것입니다.

저는 이 사업에서 수많은 백만장자와 천만장자를 만나 보았습니다.

「성공」이라는 잡지에서 '네트웍 마케팅이 어떻게 백만장자를 창출하는가'에 대한 기사를 읽었던 적이 있었습니다.

그리고 그 기사를 위해 인터뷰를 했던 어떤 사람은 이

사업에서 5억 달러 이상을 벌었다고 밝혔습니다. 물론 그토록 많은 돈을 버는 사람들이 많지는 않지만 당신 역시 그 정도로 돈을 벌지 말라는 법은 없습니다.

어쨌든 그 기사는 '도대체 얼마만큼의 소득을 얻을 수 있는가'에 관한 답을 보여주고 있습니다. 물론 그 기회는 어떤 사람에게도 공평하게 주어집니다. 그리고 당신 자신의 노력에 따라 금액이 결정됩니다.

이 사업은 당신에게 **당신이 지닌 가치에 따라** 보상을 해줍니다. 불행하게도 몇 몇 사람들은 많은 돈을 벌지 못하는 경우도 있지만 그것은 그들이 끈기 있게 추진하지 못했기 때문입니다.

네트웍 마케팅의 장점이 비단 '돈'에만 국한되는 것은 아닙니다. 무엇보다 훌륭한 점은 당신의 삶의 방식을 위대하게 만든다는 것입니다. 그리고 그것을 통해 많은 자유와 자기통제력을 얻게 됩니다. 즉, 긍정적인 성공자가 되는 것입니다.

누군가를 돕는다는 것은 그들의 잠재력을 최대로 높이는 일입니다. 그리고 그것은 믿을 수 없을 만큼 흥미 있는 경험입니다.

일부 사람들이 말하는 것처럼 네트웍 마케팅은 결코

졸부를 만들기 위한 사업이 아닙니다. 이 사업은 계획적으로 부를 쌓아 가는 시스템입니다. 그리고 이것은 과장된 것이 아니라 실제로 입증된 사실입니다.

이 시스템은 아름답게 움직입니다.
그러나 그것이 단지 참여했다는 이유만으로 자동적으로 실패자를 성공자로 만든다는 것을 의미하지는 않습니다. **투자의 근본적인 원칙은 여기에도 그대로 적용됩니다.** 먼저 당신이 돈을 투자하고 그것을 계속 해나간다면, 그것은 틀림없이 당신에게 수확을 줄 것입니다. 반면, 만약 당신이 근본적인 노력을 기울이지 않는다면 아무것도 얻지 못하게 될 것입니다.

대부분의 사람들은 이 사업을 두고 성공으로 가는 무임승차라고 생각합니다. 하지만 애석하게도 정상에 이르는 길에 무임승차란 없습니다.

오류, 거짓말 그리고 오해

네트웍 마케팅에 대한 상식적인 오해들을 살펴봅시다.
우선 많은 사람들이 이 사업에 대해 '이것은 피라미드

조직인가요?'라고 묻습니다. 즉, 사람들은 이 사업이 합법적인 시스템인지 아닌지를 궁금해하고 있는 것입니다.

물론 이 사업은 합법적인 시스템입니다.

앞에서 이미 언급했지만, 네트웍 마케팅은 주문자나 소비자들의 주문에 의해 물건이 공장으로부터 직접 배달되는 것으로 오늘날 가장 빠르게 성장하는 시스템 중의 하나입니다.

그리고 이 사업에 종사하는 사람들은 자신들의 추천을 통해 사업의 발전을 도운 매출액에 따라 일정부분을 보상으로써 받는 것입니다.

그러나 불법적인 피라미드 조직은 사슬구조로 되어 있고, 다른 유사 제도와 마찬가지로 높은 품질과 생활에 유용한 제품이나 합법적인 서비스를 제공하지 않습니다. 그럼에도 불구하고 사람들은 간혹 건전한 네트웍 마케팅 회사와 이러한 불법적인 업체들을 혼동하기도 합니다.

무엇보다 가슴 아픈 것은 건전한 네트웍 마케팅 회사에서도 간혹 법률적 소송사건이 발생하기도 한다는 점입니다. 그것은 몇 몇 열성적이고 욕심 많은 사업자들이 적절한 인맥관리 기술에 관한 회사의 정책을 어기거나 회사 및 제품에 대해 잘못 전달했기 때문입니다.

물론 건전한 네트웍 마케팅 회사에서는 철저한 사규를

정하여 그러한 직권남용을 하지 못하도록 관리하고 있습니다. 그러나 아무리 정직하고 도덕적으로 운영되는 합법적인 사업일지라도 횡포와 불명예스러운 일을 일삼는 소수의 사람들은 어디에나 있게 마련입니다.

그럼에도 불구하고 언론에서는 보통 소수의 나쁜 사례를 두고 마치 전체 사업자나 회사가 그러는 것처럼 과대 포장하기도 합니다. 즉, 물을 흐려놓는 몇 몇 사람들이 높은 윤리적 표준을 가지고 조용히 사업을 전개하는 많은 사람들보다 더욱더 높은 대중성을 가지고 사람들의 입에 오르내리는 것입니다.

당신은 왜 의사들이 커다란 손해를 감수하면서까지 의료사고에 대한 보험에 가입하는지 생각해 본 적이 있습니까? 그것은 오늘날 많은 사람들이 소송 제일주의에 빠져 있기 때문입니다. 제가 볼 때, 그것은 단번에 공짜로 뭔가를 얻고자 하는 사고방식과 크게 다르지 않습니다.

물론 이 책에서 50여년에 걸친 네트웍 마케팅 사업의 역사와 합법성에 대해 일일이 기술할 필요는 없겠지요. 당신이 마음만 먹는다면 이 사업에 대한 자료는 얼마든지 쉽게 구할 수 있을 것입니다.

만약 이 사업이 불법적인 것이라면 그토록 많은 의사

와 법률가들, 성직자들이 이 자유로운 사업을 위해 몰려든다는 것은 상상할 수도 없는 일일 것입니다.

이 사업은 절대로 불법이 아닙니다.

어떻게 시작할 것인가?

우선 궁금한 사항을 질문하십시오. 그리고 조사를 하십시오. 당신이 이 사업을 시작하기 위해 필요한 것은 재정적인 투자가 아니라, 시간을 투자하는 것입니다. 여기에 제가 몇 가지 제안을 하겠습니다.

1 단계

먼저 회사를 선택하십시오. 그리고 그 회사의 평판, 사업 기간, 성장률, 제품, 보상 수준, 정책 등을 조사하십시오. 그것에 관하여 성공적인 사업자들과 인터뷰해 보십시오. 그러면 더욱 더 많은 정보와 도움을 주는 자료들이 점점 당신의 손에 들어오게 될 것입니다.

2 단계

당신을 후원하고 모든 것을 가르칠 수 있는 사업자를 찾아보십시오. 모든 후원자가 다 성공적인 것은 아닙니다. 그러나 당신이 속한 그룹의 멤버들 속에서 찾아본다면 분명히 당신을 도와줄 누군가를 찾을 수 있을 것입니다.

하지만 조심하십시오. 수천 달러의 돈을 들여 쓰지도 않을 물건들을 직접 사들여서는 안 됩니다. 그러한 것은 필요치 않습니다. 우선 물건을 잔뜩 구입해 놓고 다른 사람들에게 억지로 떠넘기는 방식은 실패할 가능성이 높을 뿐만 아니라, 사람들과의 관계도 파괴하고 심지어 법률적인 소송으로 이어질 수도 있습니다.

매달 나오는 보상 확인서는 당신이 사들인 물건들로부터가 아니라 당신이 발전시킨 조직으로부터 나오는 것입니다. 그러므로 당신이 물건을 사는 데 치중한다면, 당신은 조직을 키우지 못하고 따라서 기대할만한 소득을 올릴 수도 없게 됩니다. 당신은 그저 필요 없는 재고를 한아름 사놓은 것에 불과할 뿐이죠.

3 단계

교육을 받으십시오. 라이프스타일 리더가 되십시오. 똑똑한 소비자가 되십시오. 다른 사람들을 가르치십시오. 조직을 세우기 위한 방법을 특별하게 배울 수 있는 가장 좋은 자료는 『당신의 그룹을 크게 만드는 방법, 쇼더플랜에 달려 있다』라는 책입니다. 세계 도처의 수많은 사람들을 통해 성공적이었다고 입증된 정확한 원칙과 기술들을 알려주고 있습니다. 당신은 꿈의 실현을 보증하는 것이 어떤 것인지 알고 있습니까? 네트웍 마케팅에서 이미 검증된 5년 계획을 따르십시오. 그것은 다음과 같습니다.
- **1년 - 배우고 실행하라.**
- **2년 - 배우고 실행하라.**
- **3년 - 배우고 실행하라.**
- **4년 - 배우고 실행하라.**
- **5년 - 배우고 실행하라.**

만약 당신이 이 사업에서 이러한 계획대로 한다면 실패할 리가 전혀 없습니다. 이것은 전적으로 자발적인 사업입니다. 아무도 당신이 동참하도록 혹은 어떻게 행동하고 어떤 사람이 되도록 강요하지 않습니다. 당신은 당신의 의욕과 자신에 대한 신념에 따라 결과를 만들어낼 수 있습니다.

지금까지 저는 당신에게 두 가지 소중한 교훈을 알려주기 위해 노력했습니다. 하나는 자신에 대한 신념을 갖는 것이고 나머지 하나는 당신의 미래를 바꾸고 재정적으로 안정되도록 하는 특별한 시스템을 사용하는 방법입니다.

무엇이 나를 확신케 했는가?

물론 처음에는 저도 무척 회의적이었습니다. 하지만 저는 나만의 시간, 나만의 스케줄, 자유로운 여행, 재정적 자유, 행복, 도움을 준다는 뿌듯함, 기쁨을 함께 나누는 사람들을 통해 점점 확신을 갖게 되었습니다.

이것은 저에게 알맞은 직업이었고 바로 제가 찾던 것이었습니다.

우리가 제품을 사용하는 이유는 그것이 생존과 번영의 수단이기 때문입니다. 우리는 우리의 존재를 더욱더 편안하게 만들어가기 위해 하루 하루의 삶 속에서 제품과 서비스를 소비합니다.

하지만 우리는 무엇보다 중요한 것은 제품이 아니라, 마케팅 과정이라는 사실을 잊지 않습니다. 그것이 당신의 삶, 행복, 번영 그리고 자유에 이르도록 도와주는 것들입니다. 그리고 이러한 삶의 목적은 당신 자신의 삶을 소유하는 것입니다.

그러나 주변을 돌아보면 자신의 삶을 통제할 수 있는 사람은 극히 소수에 지나지 않는다는 것을 알게 됩니다. 그 대신, 그들의 삶은 그들의 직업, 사업, 가족, 재정적인 부담, 편견, 빈약한 건강 등에 의해 통제되고 있습니다.

사람들은 대부분 정신 없이 달려가고 있다는 느낌 속에서 살아갑니다. 마치 미친 듯이 말이죠. 그들은 여가를 즐길 만한 시간과 장미꽃 냄새를 맡고 빗소리를 들을 만한 여유도 없습니다. 인생을 즐기고 사람들을 사랑하고 단순한 기쁨들을 누릴만한 여유조차 없는 것입니다.
참으로 슬픈 일이 아닙니까?
우리의 삶은 그렇게까지 될 필요가 없는데도 말입니다.

이 계획을 따른 소수의 사람들

우리는 '최선이 아니면 안주할 수 없다'는 신념을 갖고 있습니다. 그리고 그러한 신념을 가진 사람만이 최상의 자리에 도달할 자격이 있습니다. 우리는 신념을 행동으로 옮겼고 그리고 지금은 성공수기를 쓰고 있습니다.

그러면 이 흥미진진한 사업에 동참하여 삶의 어려움을 극복한 사람들의 진지한 인생경험담을 들어보기로 합시다. 메릴린은 30대의 아름다운 여성으로 제가 8살 난 아들과 일주일 동안의 휴가를 보내려고 찾아간 플로리다의 휴양지에서 만났습니다. 그리고 그녀가 지난 16년 동안이나 불행한 결혼생활을 이어오다가 끝내 이혼을 하고 말았다는 사실을 알게 되었습니다.

메릴린의 새로운 삶
"이혼을 하고 지난 3년 동안 나의 삶은 모든 것이 바뀌었어요. 나의 친구에게 네트웍 마케팅을 소개받았거든요. 그들은 매우 열심히 나를 가르쳤고 일주일에 몇 번씩 그들과 함께 지내게 되었지요. 그리고 오래지 않아 우리의 그룹은 팽창하기 시작했어요.

또한 내가 이 사업에 대해 더 많이 알게 되었을 때, 나의 확신은 굳어졌지요. 처음에 나는 가장 친한 친구들 몇 명을 만나보았어요. 그리고 얼마 지나지 않아 낯선 사람에게까지 설명할 수 있을 정도가 되었지요.

'확신'이라고 하는 것은 정말로 놀라운 힘을 지니고 있더군요. 만약 네트웍 마케팅이 아니었다면 지금까지도 나는 힘들게 살고 있었을 거예요. 정말 그것은 나에게 행운이었어요. 너무 감사하고 너무 좋아요.

이혼을 하긴 했어도 처음에는 돈 걱정을 하지는 않았지요. 하지만 내가 돈을 벌지 않는다면 그 돈이 금방 사라지고 말 것이라는 사실은 알고 있었어요. 하지만 아이가 있었기 때문에 일자리를 구하는 것이 쉽지 않았어요.

그런데 이 사업은 완벽했지요.

나는 내 아이 제이슨이 학교에서 돌아온 후나 주말에도 함께 지내며 이 사업을 전개할 수 있었거든요. 물론 초기에는 정말로 보잘 것 없는 수입이었지요. 첫 달의 수입이 14달러로 기억되는군요.

하지만 아이를 내 손으로 돌보면서 순수하게 나의 노력으로 수입을 얻을 수 있었다는 사실이 매우 기뻤지요. 이제 나는 안정적인 월수입을 즐기고 있습니다.

게다가 나에게 새로운 애인이 생겼어요. 그는 정말로 멋진 사람이에요! 내가 늘 꿈꾸던 그런 사람이죠. 그는 단순히 나의 환심을 사기 위해 노력하는 것이 아니라, 진정으로 나 자신에게 관심을 가지고 있어요. 요즘은 정말로 하루 하루가 즐겁답니다."

버드는 지난 22년 동안 수백만 달러의 매출을 올리는 한 제조회사의 부사장으로 근무했습니다. 하지만 적대적 인수와 이에 따른 구조조정 과정에서 갑자기 직장을 잃고 말았습니다. 그는 2년 동안이나 또 다른 직업을 찾았지만 조건이 맞는 직장을 구할 수 없었습니다. 그리하여 그와 그의 부인 세리는 그들의 집과 새 자동차를 잃게 되었고 버드는 뭔가 결단을 내려야만 했습니다.

버드에게 무슨 일이?

"내가 침울한 느낌 속에 잠겨 있을 때, 대학시절 동기로부터 전화가 왔죠. 그는 무척 흥분된 목소리로 자신이 하고 있는 새로운 사업을 보여주겠다고 하더군요. 그리고 사람들이 몇 년만에 엄청나게 부자가 되었다고 말했어요.

우울함에 젖어 있던 나는 그 말을 회의적으로 받아들였지요. 돈을 투자하지 않고 자신의 사업을 할 수 있는데다가 재정적으로 자유를 얻을 수 있다니 말이 안 된다는 생각을 한 것이죠. 그래도 친구가 하도 간곡히 이야기를 하는 바람에 우편으로 정보를 보내달라고 말했어요.

하지만 속마음은 한시라도 빨리 전화를 끊고 싶다는 생각뿐이었죠. 나는 내 자신의 사업이 아니라, 전에 내가 하던 일과 같은 중역의 일자리를 원했던 거였어요.

그리고 일주일 후에 사업정보가 담긴 소포가 도착했지요. 나는 반송할 주소만 힐끗 보고는 별다른 생각 없이 한쪽으로 치워놓았죠.

그런데 몇 주일 후에 그 친구가 다시 전화를 해서 '어떻게 생각하느냐'고 묻더라고요. 나는 바빠서 아직 못 보았다고 적당히 둘러댔지요. 그렇게 몇 주일이 지난 어느 날 밤, 세리가 이렇게 말했어요.

'이거 보았어요?'

나는 다소 죄책감을 느끼며 그녀를 바라보았지요.

'한 번 훑어보는 게 좋겠어요. 정말 재미있어 보여요.'

그래서 나는 마지못해 그것을 보았지요. 결론부터 얘기하자면 그 해 연말쯤에 나는 97,000달러를 벌었지요. 그리고 나는 올해 그것을 두 배로 늘려놨어요. 물론 처음에는 결코 그것이 가능하리라고 생각지 못했죠. 하지만 이 사업은 매우 단순한 개념이면서도 엄청난 시스템입니다.

이듬해 중반쯤 세리는 직장을 그만두었고 우리는 함께 그것을 가르치기 시작했지요. 이제 우리는 안정된 생활을 누리며 가끔 여행을 다니기도 합니다."

고등학교를 졸업한 직후, 대릴은 시력이 점점 나빠지더니 급기야 8년 후에는 완전한 시각장애인이 되고 말았습니다. 그리고 전문가들조차 그의 희귀병에 대해 무엇이 원인인지 알아내지 못했습니다.

희망을 잃어버린 그의 부인 제니퍼는 그를 떠났고 심장병까지 얻어 절망의 구렁텅이에 빠져 있던 대릴은 뭔가 삶의 의미를 부여해줄 것을 찾고 있었습니다.

대릴의 새 비전

"약 6개월 전, 라디오에서 1분 짜리 광고를 듣게 되었지요. 그것은 자기 자신과 다른 사람의 삶을 변화시키는 기회에 관한 것이었어요. 나는 그 자료를 받아보기 위해 사람을 보냈어요. 그리고 비록 글을 읽을 수는 없었지만 카세트는 들을 수 있었지요.

'내가 할 수 있는 일은 없을까'하고 궁리하던 중에 발견한 그 일은 나에게 한 가닥 희망을 안겨주었지요.

나는 곧바로 등록을 했고 전화로 나의 후원자와 이야기를 나누었지요. 그녀의 이름은 베티였는데, 나의 이야기를 들은 그녀는 곧 모든 종류의 카세트를 보내주기 시작했어요.

그때, 나는 나처럼 장애를 갖고 있으면서도 뭔가 유용한 일을 찾고 있는 사람들을 도와주는 어떤 지역사회단체에 가입해 있었지요. 그리하여 나는 나의 프로그램을 짐에게 보여주었고 그에게 나 같은 처지에 놓인 사람들에게 네트웍 마케팅을 소개해도 좋겠느냐고 물어보았지요. 그것을 배우는 것은 결코 복잡한 과정을 필요로 하는 것이 아니었으니까요. 그리고 등록 후에 몇 가지 제품을 구입하는데 많은 비용이 들지 않았어요.

그 후에 어떻게 되었는지 아세요? 지금은 내가 가입되어 있던 단체의 모든 사람들이 네트웍 마케팅 사업자입니다. 굉장하죠!

우리는 친구들과 친지들에게 테이프와 책을 빌려주고 있습니다. 특히 그들은 우리의 어려운 상황 때문에 우리를 돕는 것을 매우 행복하게 생각해요. 그것은 정말 놀라운 사건입니다.

나는 몇 년 만에 '흥분된다'는 것이 어떤 것인지 다시 알게 되었고 희망을 갖게 되었습니다. 이제 다시 생활력을 갖춘 사람이 된 것이지요. 당신도 알다시피 이제 나도 많은 돈을 벌 수 있을 겁니다. 그렇죠? 이 사업은 세상에서 가장 위대한 선물입니다."

헬렌과 존은 퇴직한 상태였습니다.

헬렌은 아이들이 학교 갈 나이가 된 이래로 간호사로서 파트타임으로 일해왔습니다. 그런데 그녀는 평생 일해왔던 직장에서 연금을 받기 위한 자격 조건이 충족되기 1년 전에 조기퇴직을 강요당했습니다. 이것은 그녀가 일하는 동안 젖은 계단에서 미끄러져 허리를 다쳤기 때문입니다. 하지만 그녀와 존은 소송을 제기할 만한 여유가 없었기 때문에 단지 몇 백 달러의 현금을 쥐고 물러나야 했죠.

그리고 존은 수 년 동안 자신의 카센터를 운영해왔습니다. 그러나 자신의 지역으로 이주해 온 셀프서비스 할인매장의 등장으로 그의 사업은 근근히 운영되는 자동차 수리점 정도의 수준으로 축소되었습니다.

게다가 그는 건강이 악화되어 수리하는 일도 더 이상 할 수 없게 되었죠. 여기에 연금수입도 없었던 그들은 앞길이 막막했습니다. 이제 그들에게 남은 것은 집을 팔고 생활보호 시설로 이사하는 길밖에 없었죠.

요즘 헬렌은 어떻게 지낼까요?

"우리가 낙심하여 모든 것을 처분하고 생활보호 시설로 가려고 했을 무렵, 기적이 일어났습니다. 나의 딸 크리스티와 그의 남편이 일요일 오후에 잠깐 들렀는데, 그들은 이미 네트웍 마케팅 사업에 발을 들여놓은 상태였어요. 그리고 그들은 존과 나의 재정적 어려움을 도와주기 위해 우리를 후원하겠다고 했지요.

사실, 우리는 그들의 설명을 충분히 알아듣지 못했고 '이 나이에' 하는 생각에 새로운 것을 받아들인다는 것이 쉽지 않았죠. 하지만 그들은 많은 것을 알아야 사업을 시작할 수 있는 것은 아니며 또한 그들이 열심히 도와주겠다고 하더군요. 그리고 그들의 마음에 감동한 우리는 신청서에 사인을 했지요.

그 후, 몇 년 동안 그들은 정기적으로 우리 집에 들렀고 네트웍 마케팅에 대해 알려주었죠. 그리고 그들이 만났던 긍정적인 사고방식의 소유자들에 대해 말하기 시작했어요. 그렇게 시간이 지나면서 나는 그들의 눈빛에서 열정을 느낄 수 있었고 이 늙은이의 마음도 점점 기쁨을 느끼게 되었지요.

크리스티가 나에게 여러 가지 이야기를 들려줄 때마다 존은 서재에서 이리저리 걸어다니거나 TV 혹은 신문을 읽곤 하였지요. 나는 그가 크리스티와 스티브를 무척 사랑한다는 것을 알고 있었지만, 그는 네트웍 마케팅 시스템에 거의 관심을 보이지 않았어요.

크리스티의 정성으로 결국 나는 이 사업을 이해하기 시작했고 나의 친한 몇 몇 친구들에게 그것을 소개하게 되었죠. 물론 모든 설명은 크리스티가 해주었어요. 과거 2년 동안 이 사업에 진심 어린 노력을 퍼부었던 것은 다름 아닌 크리스티와 스티브였지요. 그들은 우리에게 너무도 고마운 일들을 해 주었어요.

그렇게 몇 달이 지나고 우리는 매달 우편함에서 사회연금 같은 확인서를 받게 되었어요. 게다가 놀랄만한 소식은 크리스티와 스티브의 도움으로 지난달에 1,218달러나 벌게 되었다는 점입니다. 우리에게 그 돈이 얼마나 큰 돈인지 아세요!

이제 우리는 먹고살 걱정을 하지 않습니다. 너무 행복해서 눈물이 저절로 나올 지경이지요. 나에게 이러한 축복이 찾아들다니 정말로 믿어지지 않아요."

낸시의 메시지

이제 낸시 페일러의 이야기를 들어봅시다. 다음은 낸시와의 인터뷰를 그대로 기록한 것입니다.

왜 당신은 네트웍 마케팅을 하게 되었는가?

"우리와 많은 사람들이 네트웍 마케팅을 하게 된 데에는 여러 가지 이유가 있습니다. 우선 살아가려면 돈이 있어야 하고 중요한 일들을 할 수 있으려면 자유가 있어야 합니다. 따라서 모든 사람들은 파트타임이든 풀타임이든 돈을 벌어야 합니다.

특히 경제가 갑자기 변화하기 시작할 때는 대부분의 사람들이 '돈'에 관심을 집중하게 됩니다. 왜냐하면 갑자기 해고를 당하기도 하고 잘 나가던 사업도 비틀거리기 때문이죠. 그래서 사람들은 현재와 미래의 안정적인 삶에 대해 관심을 갖게 됩니다.

하지만 네트웍 마케팅말고 어떤 분야에서 당신이 얼마 안 되는 돈으로 일을 시작할 수 있고 또한 무제한의 수입을 만들 수 있을까요?

프랜차이즈는 어떤가요?

그것을 시작하기 위해 얼마나 많은 돈이 들어가는지는

당신이 더 잘 알 것입니다. 게다가 그들은 온종일 사업에 매달려야 하기 때문에 자유를 잃게 되지요.

그러나 네트웍 마케팅은 집에서 할 수도 있어요. 우리는 60평방 피트 짜리 보트에서 생활을 꾸려 가는 몇 몇 사람들을 만나본 적이 있는데, 그들은 그 보트에서 이 일을 하고 있었어요! 물론 당신은 캠핑용 자동차에서 일을 할 수도 있습니다.

그렇다고 막대한 비용이 들어가는 것도 아니고, 노력여하에 따라 무제한의 수입을 얻을 수 있지요. 만약 당신이 우리가 사람들에게 가르쳐주는 시스템을 따른다면 말이죠. 이 사업은 그야말로 진정한 봉사사업이라고 할 수 있습니다.

이제 회사의 관점에서든 고용인의 관점에서든 정규적인 산업에서 더 많은 충성을 바치려는 사람은 없습니다. 그들은 변화무쌍한 현실 앞에서 상처와 스트레스를 받고 있지요. 즉, 직접적인 해고는 물론이고 해고될 지도 모른다는 두려움에 휩싸여 있는 것입니다.

네트웍 마케팅 사업은 기존의 사업과 전혀 다릅니다. 우리는 교육을 시키고 양육하는 활동을 하죠. 특히 여성들에게 성공의 기회를 공평하게 제공합니다.

사실, 여성들은 그동안 배우자에게 자녀에게 그 밖의

모든 사람들에게 의존하도록 길들여져 왔습니다. 그리고 여성들은 배우자나 아이들 또한 아는 사람들에게 마치 아이를 양육하는 것처럼 대하고 그들을 지원하는 것에 익숙합니다.

그렇기 때문에 더욱더 네트웍 마케팅에서는 여성들이 유리합니다. 왜냐하면 여성들은 이 사업을 어떻게 해야 하는지 잘 알고 있기 때문이지요. 가르치고 도와주는 것 자체가 바로 우리의 사업입니다.

사실, 저도 네트웍 마케팅에서 자아를 찾았고 무제한의 수입을 얻고 있습니다. 다른 많은 여성들도 마찬가지입니다. 저는 어디를 가든 다른 마케팅 회사에서 엄청난 수입을 벌어들이는 많은 여성들을 만납니다.

그래서 저는 더욱더 이 사업이 여성에게 유리하다는 생각을 굳히게 되었죠. 그것은 이미 검증된 것이나 다름없습니다."

이 사업에서 성공하는데 있어서 가장 큰 장애물은?

"많은 사람들이 자기들이 무엇을 하는 지조차 모르는 사람들에게 도움을 구하려 하고 있습니다. 그들은 이 사업을 판매라고 생각하지요. 실제로 많은 네트웍 마케팅 회사들이 조직구축을 통한 복제의 힘을 가르치려 하기보다 물건이나 서비스를 파는 데 혈안이 되어 직접 판매방식으로 운영하고 있습니다.

 이러한 프로그램들은 판매수단으로 운영될 수는 있지만, 더 많은 시간이 걸리게 되지요. 따라서 대부분의 사람들은 그런 식으로 물건을 판매하는 것에 대해 좋게 생각하지 않고 또한 판매 과정에서 거절당하는 것을 원치 않습니다. 단지 극소수의 사람들만이 거절당하는 것에 대해 적응하도록 훈련되어 있을 뿐이지요.

 제가 아는 대부분의 여성들은 '판매'하는 일을 하고 싶어하지 않아요. 그리고 남자들도 마찬가지이고요.

 네트워킹은 '교육'과 '공유'입니다.

 그리고 가장 큰 장애물은 이 사업에 대한 기본적인 오해 그 자체입니다. 사실, 여러 도구들과 상위라인의 후원만 있다면 이 사업은 매우 쉽습니다. 따라서 당신은 어떻게 네트웍을 만들 것인지를 배우기만 하면 됩니다.

 특히 당신이 이러한 방식에 흥미를 갖고 있고 또한 세미나 각종 모임을 통해 이 사업에 재미를 느낀다면 이 일은 더욱더 쉬워집니다. 즉, 당신은 맛있는 식사를 하거나 파티를 여는 것처럼 혹은 소풍을 가거나 유람선을 타는 것처럼 재미있게 전체 조직을 구축할 수 있는 것입니다. 이것은 곧 대부분의 사람들이 공장에서 사무실에서 회사에서 일을 하는 것과 정반대의 방식이지요.

하긴 이 사업의 핵심은 모든 사람들이 서로를 돕고 좋은 시간을 함께 보내는 것에 있으므로 그것은 당연한 것입니다.

따라서 당신이 이 사업을 어떻게 진행해야 하는지를 모른다면, 그것을 배울 필요가 있습니다.

실제로 일반적인 직장에서 일하는 사람들은 최상의 위치를 향해 경쟁하고 있습니다. 그들은 다른 사람을 밟고 눌러야만 더 높은 자리에 이를 수 있고, 그 결과 그들은 조금 더 많은 돈을 벌거나 한 단계 높은 신용카드를 소유하게 됩니다.

하지만 네트웍 마케팅은 다릅니다.

우리에게 있어 네트워킹은 삶의 방식입니다. 그리고 그것은 우리가 사람들과 대화하려고 노력하는 그 자체입니다. 거기에는 더 좋은 길, 즐거운 길, 훨씬 더 많이 돌보는 길이 있습니다.

특히 여성들이 이러한 사실을 이해하기만 한다면 그들은 이러한 환경에서 충분한 만족을 누릴 수 있습니다. 만약 모든 사람들이 이 사업을 진정으로 이해하고 그것이 그들에게 가능하다는 것을 믿는다면, 그들의 직업이 무엇이든 이 일을 파트타임으로 하면서 함께 병행해 나갈 수 있다고 생각합니다."

이 사업에서 성공의 핵심열쇠는 무엇인가?

"좋은 후원자를 갖는 것이 무척 중요합니다. 하지만 모든 사람들이 좋은 후원자를 만날 수 있는 행운을 누리는 것은 아닙니다.

그리고 전체 팀원이 자신을 위해 일하는 분위기가 형성되어야 합니다. 또한 그러한 후원 팀을 어떻게 활용하는지를 아는 것도 매우 중요합니다.

특히 중요한 것은 여러 요소들이 조화를 이루는 것입니다. 일단 당신이 사업자로서 활동하게 되면 그러한 후원은 반드시 필요하며 또한 성장을 위한 여러 가지 도구도 필요한 것입니다. 왜냐하면 그러한 것을 통해 당신은 더욱더 발전할 수 있기 때문입니다.

초기에는 많은 사람들이 단순한 덧셈과 뺄셈을 반복하기도 하는데, 이것은 결코 증식이라고 볼 수 없습니다. 물론 이것도 훈련의 일부입니다.

그리고 당신이 쉽게 증식을 하려면 도구와 시스템이 필요하므로 그 점에 대해 당신의 관심과 흥미가 집중되어야 합니다.

이 사업을 통해 당신의 삶은 밝아지고 매일 매일이 즐

거워질 것입니다. 저는 간혹 사람들에게 '이 사업에서 재미를 느끼면 느낄수록 더욱더 성공으로 나아가고 있는 것'이라고 말합니다.

그리고 파트타임으로 일할 수도 있는 이 사업은 그동안 우리를 얽매이게 했던 관습에서 벗어나게 해주고 많은 곳을 여행할 수 있는 기회도 제공합니다. 저는 올해에만 해도 벌써 세 차례나 배를 타고 여행을 다녀왔어요.

확실히 배는 모든 일에서 벗어나 멀리 떠나버릴 수 있는 가장 좋은 수단입니다. 그리고 바다에 떠 있는 이상 배 안에서 생활을 해야 합니다. 그렇기 때문에 그 배에 탄 모든 사람들은 당신에게 사로잡힌 청중들이 될 수 있습니다. 당신은 배에서 다른 사람을 만나게 되고 대화를 통해 그들을 개인적으로 알게 됩니다.

특히 사람들은 휴가 중일 때, 즐거운 기분으로 마음을 열기 때문에 대화를 진행하기가 훨씬 수월합니다. 왜냐하면 그들은 세상의 모든 짐을 벗어버리고 배를 탄 것이기 때문입니다.

선상여행에서 당신은 그야말로 축제분위기를 느끼게 됩니다. 모든 전화, 혼잡한 도로의 부산함, 모든 스트레스로부터 완전히 벗어나는 것입니다. 그것은 분명히 사람들을 활기차게 만들지요."

네트웍 마케팅이 어떻게 당신의 가치를 높여 주는가?

"우리 가족은 저에게 있어 매우 소중한 사람들입니다. 그리고 이 사업은 당신이 가족들과 함께 질 높은 시간을 보낼 수 있는 기회를 줍니다. 우리는 아이들과 많은 시간들을 보낼 수 있어요. 물론 '돈'이 자유로운 시간을 가질 수 있도록 해준 것이지요.

예를 들어 이 인터뷰를 위해 이토록 아름다운 호수까지 오게 된 것도 즐거운 일이지요. 그리고 근교의 저택에서 사랑하는 사람들과 함께 한 주일을 보내는 것도 말이에요.

만약 당신이 일반적인 직업을 갖고 있고 또한 나날의 일상사 속에서 뼈빠지게 일을 하며 살고 있다면 당신이 어떻게 마음대로 여행을 하고 좋아하는 사람들과 자유롭게 시간을 보낼 수 있겠습니까!

그리고 당신의 인생에 있어서 사명감이나 명분을 갖는 것은 매우 중요한 일입니다. 당신은 교회에서 시간을 보낼 수 있고 별을 관찰할 수도 있으며 당신에게 중요한 것은 무엇이든 할 수 있습니다.

물론 제가 하고 싶은 것은 이 세상을 좀더 좋은 곳으로 만드는 일에 이바지하는 것입니다. 저는 사람들이 재정적으로 고통받는 것을 원치 않아요.

그리고 그들은 네트웍 마케팅을 통해 얼마든지 초과수입을 만들 수 있습니다. 그렇기 때문에 우리가 책, 워크숍, 세미나 등을 통해 그러한 사실을 알리고 있는 것입니다.

이러한 가르침은 커다란 차별성을 가져다줍니다. 사람들은 무엇을 어떻게 해야 할지 알아야 할 필요성이 있습니다. 돈과 저는 사람들이 스트레스를 받는 삶에서 벗어나도록 도울 수 있고 또한 많은 돈을 벌 수 있도록 도움을 줄 수 있습니다. 우리는 사람들에게 어떻게 그토록 큰 수입을 벌 수 있는지를 가르쳐줍니다.

만약 당신에게 **의욕**만 있다면 당신은 성공할 수 있습니다. 당신이 지금까지 성공적이지 못했다면 그러한 일이 일어날 수 있도록 충분한 시간을 만들어야 합니다. 당신은 그 시스템과 당신의 노력을 증식시킬 도구를 어떻게 활용하는 지 배울 필요가 있습니다. 그리고 인내해야 합니다.

저는 인생으로부터 더 많은 것을 얻고자 하는 다른 사람들과 이러한 모든 것을 공유할 수 있다는 사실을 좋아합니다. 그것은 무척 재미있는 일입니다. 그들의 삶에 차별성을 만드는 일은 그들의 인생을 정말로 가치 있게 만드는 것이지요."

왜 당신은 네트웍 마케팅이 여성, 노인, 불이익을 받는 사람들의 문제와 좌절에 대한 해결책이라고 생각하지요?

"왜냐하면 누구든 이 사업을 통해 공평한 기회를 얻을 수 있기 때문이지요. 그리고 이 일은 집에 갇혀 지내고 부끄러워하고 전화가 없는 사람들도 할 수 있는 시스템입니다.

심지어 우편엽서를 통해 그들이 다른 사람들의 반응을 알 수 있게 하고 또한 청각장애인용 비디오도 제공됩니다. 우리는 정말로 많은 사람들이 더 나은 삶을 살 수 있도록 도움을 주고 있어요.

더불어 이 사업에는 절대로 어떠한 편견도 없어요. 네트웍 마케팅회사들은 단순히 당신의 이름과 주민등록번호를 갖고 있을 뿐입니다. 그들은 당신의 과거의 실패나 성공에 대해서 아무것도 모르고 또한 알려고 하지도 않습니다.

결국 모든 사람들이 평등한 대우를 받는 셈이지요. 어떠한 정치이념이나 편애가 없습니다.

특히 이 사업은 여성들과 힘없는 소수계층에게 위대한 기회를 제공합니다. 전통적인 사업에는 보이지 않는 유리벽이 있기 때문에 여성이나 힘없는 소수계층이 갈 수 있는 선은 고작 그 유리벽까지입니다.

그러나 이 사업에서는 발목을 잡는 어떠한 제약조건도 없습니다. 다만, **의욕이 있느냐 없느냐 그것만이 중요할 뿐입니다.** 당신은 이런 일을 원합니까? 만약 그렇다면 당신의 삶을 차별화 시키고자 하는 열망이 당신에게 영감을 줄 것입니다.

나이든 사람들을 예로 들어 봅시다.

그들은 퇴직하였기 때문에 시간이 많습니다. 그러나 돈은 충분하지가 않아요. 그들은 여행을 즐기거나 손자들을 보러 가고 싶어 하지만 돈이 없어 마음대로 하지 못합니다. 그들의 대부분은 가난하기 때문입니다.

하지만 더 나은 길이 있습니다. 그리고 그 사업에서 성공하기 위해 많은 시간을 투자해야 하는 것도 아닙니다. 파트타임의 노력으로 1~3년이면 경제적 어려움에서 해방될 수 있습니다. 특히 퇴직자들은 풍부한 경험을 지니고 있으며 그들의 자녀와 손자들을 동참시킬 수 있기 때문에 대부분의 사람들이 겪고 있는 퇴직 후의 상처와 아픔을 떨쳐버릴 수 있는 것입니다.

요즘 대학졸업자들은 어떤가요? 할 만한 일이 많지 않아요. 그리고 그들의 아버지, 할아버지, 어머니는 해고되고 있고요. 하지만 네트웍 마케팅은 정말 많은 사람들을 도와주는 실용적인 시스템입니다."

자유와 공헌을 위한 수단

만약 누군가가 이 사업을 배워 수입을 창출할 수 있기를 원한다면 어떻게 조언할 것인가?

"먼저 교육을 받아야 합니다. 즉, 당신이 당신의 인생을 어떻게 헤쳐나갈 것인지를 알아내야 하는 것입니다.

당신은 아무런 권리도 없는 삶과 전혀 다른 방식의 삶을 원하십니까? 당신의 타오르는 의욕의 정체는 무엇입니까? 문제는 당신이 현재 일하고 있는 곳에서 원하는 만큼의 돈을 벌 수 없다는 데 있습니다.

사실, 많은 사람들이 열심히 노력하지만 재정적으로 거의 얻는 것이 없습니다. 온 식구들이 매달려 열심히 일해도 월말이 되어 월급을 받게 되면 남는 돈은 충분하지 않습니다. 그리하여 당신은 계속해서 뒤로 미끄러질 수밖에 없고 요트를 살 희망이나 여행, 새차를 사려는 희망을 접어야 합니다. 더불어 당신에게 정말로 중요한 것을 하기 위해 필요한 시간도 확보하지 못하는 것입니다.

그러나 당신은 네트웍 마케팅에서 파트타임으로 일하며 당신의 삶을 바꿀 수 있습니다. 그리하여 일정 기간이 지나면 당신은 벌어들인 돈으로 새차를 살 수 있고 여행을 다닐 수도 있으며 당신의 자녀들을 뒷바라지해서 대학에 보낼 수 있습니다.

즉, 당신이 중요하다고 생각하는 일은 무엇이든 할 수

있게 되는 것입니다.

당신은 당신의 삶에서 스트레스를 벗어 던질 수 있게 되고 더불어 다른 사람들에게 기여할 수 있는 시간을 갖게 되지요. 결국 당신은 지금까지와 전혀 다른 삶을 살아가는 것입니다."

이런 기회에 참여하는데 얼마나 많은 비용이 드는가?

"거의 비용이 들지 않아요. 우리가 일하고 있는 회사에서 당신은 20달러 이하로 일을 시작할 수 있습니다. 물론 훈련도구와 약간의 제품을 위한 돈이 필요하긴 하지만 모두 합해 보아야 1백 달러 이하입니다.

어떤 사업에서 100달러 이하의 돈으로 시작하여 무제한의 수입을 벌 수 있단 말입니까!

교육을 위해 도구를 사용하는 것은 분명히 남는 장사라고 할 수 있습니다. 그것은 일을 더 쉽게 만들어주고 시간을 절약할 수 있게 해주며 더불어 일을 훨씬 더 재미있게 만들어줍니다.

저는 이것이 사람들에게 있어 유일한 희망이라는 것을 믿습니다. 이것은 누구나 할 수 있고 어떠한 위험도 없으며 엄청난 가능성만 지니고 있습니다.

당신이 현재 영위하고 있는 삶 속에 존재하는 위험은

어떤가요? 거기에는 95%의 실패 확률이 도사리고 있지 않나요? 제가 볼 때에는 그것이야말로 실제적인 위험이라고 생각합니다."

성공하려면 매주 어느 정도의 시간을 투자해야 하는가?

"성공적인 파트타임 사업자는 일주일에 5~10시간을 투자합니다. 저는 그 정도의 노력으로 좋은 결과를 만들어내는 사람들을 많이 보았습니다. 하지만 한 우물을 파겠다는 의지로 일관된 노력을 기울이지 않는 사람들은 그들이 원하는 만큼 빨리 목표를 달성하지는 못하지요.

그러나 당신이 인내심을 발휘하여 지속적으로 노력한다면 충분히 가능합니다.

당신은 얼마나 강하게 '성공'을 원하나요? 이 일을 위해 필요한 것을 할 만큼 충분히 훈련되어 있습니까? 정말로 당신 자신의 인생을 살고 싶습니까?"

이 사업은 복잡합니까? 아니면 배우기 어렵습니까?

"제가 생각하기에 이 사업은 정말로 쉽습니다. 한 마디로 말해 이것은 교육복제 사업이죠. 그러한 과정이 원활히 이루어지기 위해서는 가능한 한 단순해야 해요. 결국 당신은 배우는 동안에 돈을 버는 것입니다.

세상에 이런 일은 흔치 않습니다.

우리는 우리의 일이 단순하고 증식이 가능하기를 원합니다. 따라서 우리는 훈련도구를 의미하는 시스템을 사용하는 것입니다. 그것은 이 일을 훨씬 더 쉽게 만들어 줍니다. 결국 빠른 트랙 훈련 시스템이라고 할 수 있죠."

이 사업으로부터 수입을 올리는데 얼마나 오래 걸리나?

"당신은 첫 달부터 돈을 벌기 시작합니다. 대부분의 사람들은 자신이 현재 하고 있는 일을 계속 하면서 이 일을 파트타임으로 시작해요. 그리고 약간의 적응기간을 거친 뒤, 초기의 개발시간이 수반됩니다.

물론 안정적인 수입을 얻으려면 풀타임일 경우 1~3년이 걸리고 파트타임일 경우에는 1~5년이 걸리지요. 그것은 전적으로 자유로운 삶을 누리고자 하는 당신의 욕구에 달려 있는 것입니다.

우리는 지금 일하고 있는 프로그램에서 겨우 6개월만에 좋은 보상을 얻게 되었지요. 만약 당신에게 강한 동기 부여가 되어 있다면, 당신 역시 그렇게 할 수 있습니다."

나를 도와줄 후원자는 어떻게 찾아야 하나요?

"대부분의 사업자는 처음에 친구, 친척 혹은 아는 사람에 의해 후원을 받습니다. 물론 본인이 후원자를 선택하는 것이 아니라, 사업자가 성공 가능성이 있는 사람, 성공에 관심을 기울이는 사람을 찾는 과정에서 당신이 추천을 받을 수도 있습니다.

그것은 매우 중요한 일입니다.

그리고 당신은 당신의 상위라인과 전체 후원 팀을 필요로 합니다. 그러므로 당신과 똑같은 생각을 가진 사람을 만날 수 있고 일하는 것을 함께 나눌 수 있는 모임을 찾도록 하십시오. 그러한 활동을 통해 당신은 어떻게 네트웍을 만들고 재미있게 할 수 있는지를 배울 수 있습니다.

우리는 보통 판에 박힌 스타일이나 지루한 사업미팅보다는 레스토랑이나 여러 재미있는 장소에서 함께 모여 즐길 수 있는 모임을 갖습니다. 이럴 경우에는 사무실이나 스케줄이 필요하지 않습니다.

하지만 몇 몇 사람들은 규칙적이고 판에 박힌 스타일을 좋아하기도 하지요. 어쨌든 상관없습니다. 그러나 그것은 전통적인 사업과 너무나 흡사하다고 볼 수 있지요.

사실 새로운 사람을 만나고 멋진 개념들을 나누려 할 때, 틀에 박힌 모임은 필요치 않아요. 그래서 우리는 늘 커피숍이나 다른 레크리에이션 장소처럼 휴식을 취할 수 있는 분위기를 좋아하지요. 그리고 그러한 장소에서 우리는 삶의 스타일에 대해 이야기를 나누고 편안하게 마음을 열어 대화를 나눕니다. 배움을 위해서는 참으로 멋진 방법이라고 할 수 있지요!"

이 사업을 시작하기 전에 알아야 하거나 주의해야 할 사항은?

"몇 가지 조사를 해 보십시오. 그리고 이 책은 그 기회에 관한 진실을 알려주기 위해 쓰여진 것입니다. 당신을 후원할 진지한 사람을 찾으십시오. 훌륭한 제품이나 서비스, 좋은 보상플랜을 지닌 회사를 찾으세요. 몇 몇 마케팅 플랜은 훌륭한 반면, 그렇지 않은 경우도 있으므로 꼼꼼히 체크해야 합니다. 만약 당신이 이 사업에 처음으로 접하는 것이라면 궁금한 사항을 질문할 수 있는 사람을 찾으십시오. 하지만 그 사람은 이 사업에 대해 잘 알고 있어야 합니다.

주의하십시오.

소위 전문가라고 자칭하며 훈련과정을 지도하는 사람 중에는 자신의 조직을 활동적으로 이끌지 못하는 경우도 있습니다. 그러한 사람들이 당신에게 좋은 충고를 해줄 것이라 기대하기는 어렵습니다.

저는 절대로 그런 사람들에게 조언을 구하지 않습니다. 성공적인 사업자를 찾으십시오. 복제할 만한 시스템을 갖고 있고 검증된 경력을 가진 사람들을 찾으세요.

네트웍 마케팅 회사들은 대부분 그들의 제품과 보상 플랜에 대하여 사람들을 가르칠 수 있는 도구를 갖고 있지만, 회사에서 직접 복제의 기술을 가르치는 것은 아닙니다.

기억하십시오. 이 사업의 핵심은 바로 복제에 있습니다. 그것이 바로 멋진 삶을 만들어내는 방법입니다."

어디에서 훈련에 관한 정보를 얻을 수 있나요?

"당신을 돕기 위해 이 책을 준 사람에게 물어보십시오. 각각의 네트웍 마케팅 회사는 책, 테이프, 카탈로그 등 나름대로의 훈련도구와 정보를 제공하고 있습니다."

나는 네트웍 마케팅에서 성공하지 못한 몇 몇 사람들을 알고 있어요. 그들은 왜 그렇게 되었을까요?

"아마도 그들은 수년간에 걸쳐 우리가 개발해왔던 것과 같은 단순한 복제시스템을 갖고 있지 못했을 것입니다. 또한 그들은 그들을 위해 일하고자 하는 사람을 찾지 못했을 지도 모릅니다. 아니면 그들에게 일할 의욕이 없었거나 단순히 몇 번 노력을 해보고 중단한 것일 수도 있습니다. 어쩌면 그들은 네트웍 마케팅이 판매과정이 아니라, 교육과정이라는 사실을 이해하지 못했을지도 몰라요.

우리가 만났던 어떤 사람은 너무 많은 말을 쏟아놓느라 정작 사업도구나 수단들을 전달해야 할 때를 모르고 있더군요.

그리고 다른 사람에게 편지나 카세트 테이프, 비디오 테이프를 건네주는 것도 설명과 교육을 하도록 만들 수 있는 훌륭한 방법입니다.

문제는 상대방을 이해시키는 것입니다. 그것이 바로 이 사업을 가장 쉽고 빠르게 하는 방법이지요. 그리고 가장 재미있는 길이기도 하고요."

지금까지는 낸시 페일러의 이야기를 살펴보았습니다. 그러면 이어서 돈 페일러의 말을 들어보기로 하겠습니다.

네트웍 마케팅은 어떻게 당신의 삶을 바꾸었나요?

"사실 네트웍 마케팅이 제 삶을 바꾼 것은 아닙니다. 물론 저는 25년 동안이나 이 사업에 종사해 왔지만, 그러한 열정을 품도록 해준 동기는 다른 곳에 있었습니다.

직업을 자주 바꾸는 저를 위로하기 위해 장인어른은

대학에 다시 들어가 사회학 석사학위를 받는 것이 좋을 것이라는 편지를 보내셨죠. 그리고 훌륭한 정부관련 일을 얻어 언젠가 당당하게 퇴직할 수 있을 것이라 했죠.

하지만 저의 생각은 달랐어요. 그 편지를 읽고 난 후, 오히려 전보다 더 이 사업을 잘해 나가야겠다는 결심을 하게 되었지요."

재정적 자유를 달성하기 위한 수단으로 네트웍 마케팅을 선택하는데 있어서 가장 큰 장애물은 무엇인가?

"그것은 대부분의 사람들이 이 사업을 두고 판매사업이라고 생각한다는 것입니다. 그들은 이 사업이 '교육사업'이라는 것을 모릅니다. 이 사업을 두고 판매사업이라고 생각하는 사람들의 95%는 '할 수 없다'는 생각을 갖게 됩니다.

그러나 이 사업이 교육복제 사업이고 다른 사람들의 성공에 대한 관심과 공유 사업임을 이해하여 실천한다면, 어떤 사람도 성공할 수 있습니다.

물론 이 사업을 이해하기 어렵다고 생각하는 사람일지라도 우리가 개발한 기본적인 도구를 사용한다면, 그것은 극복할 수 있는 단순한 장애물에 지나지 않을 것입니다.

어떤 사람일지라도 『당신의 그룹을 크게 만드는 방법,

쇼더플랜에 달려 있다』를 읽어본다면, 그들과 그들이 아는 사람들은 최소의 시간으로 판매를 하지 않고서도 커다란 조직을 만들 수 있다는 것을 이해할 것입니다.

누구나 그것을 할 수 있습니다."

당신이 네트웍 마케팅에 참여했을 때, 다른 가족들에게 어떻게 이해를 구했습니까?

"이 사업에 참여하게 되면 가족들과 더욱더 긴밀한 유대감을 유지할 수 있습니다. 특히 사람들이 사업기회 모임에 가거나 재택근무 혹은 1:1 프레젠테이션을 하지 않고 이러한 사업을 구축하는 방법들을 가르쳐준 대로 한다면 말입니다. 물론 먼 거리에서 효과적으로 후원하는 방법도 가르쳐줍니다.

이것은 가족들과 함께 알찬 시간을 보낼 수 있는 기회를 제공합니다. 예를 들어 자녀들이 스포츠를 하러 나갈 기회가 있을 때 부모들은 그들과 함께 할 수 있으며 후원해줄 수도 있지요.

네트웍 마케팅은 가족들이 함께 더욱더 많은 즐거움을 누릴 수 있도록 시간과 자유를 제공합니다. 요즘 세상에 이런 일을 구하는 것은 쉽지 않지요. 실제로 저와 제 아내 낸시는 세계 각지를 여행하였고 우리의 아이들이 고등

학교, 대학교 그리고 전문적인 테니스 토너먼트 경기에서 경쟁하는 것을 지켜볼 수 있었습니다."

그러면 네트웍 마케팅의 의미에 관하여 돈 페일러의 아들인 도그 페일러의 이야기를 들어보자.

네트웍 마케팅이 어떻게 당신의 삶을 바꾸었는가?
"사실 저는 교회에서 중요한 일을 맡고 있는데, 이 사업은 마음껏 그 일에 몰두할 수 있는 자유를 주었습니다. 그것이 바로 기본적인 제 삶의 모습을 바꿔준 것이라고 할 수 있죠. 왜냐하면 재정적인 걱정 없이 제가 하고 싶은 일들을 할 수 있는 자유시간이 주어졌으니까요."

이 사업에 대해 다른 사람들에게 가장 해주고 싶은 말은 무엇인가?
"그것은 이 사업이 사람에게 희망을 줄 수 있다는 것입니다. 대부분의 사람들은 네트웍 마케팅이 그들의 삶에 무엇을 해주는지 완전히 이해하지 못하고 있습니다.

네트웍 마케팅은 그들에게 재정적 독립과 더불어 그들이 가장 원하는 것을 모두 할 수 있는 희망을 주지요. 그것은 그들에게 선택할 수 있는 자유를 주는 셈이지요."

그렇다면 또 다른 아들 그렉 페일러는 네트웍 마케팅에 대해 어떻게 생각하고 있을까요?

네트웍 마케팅은 당신의 삶을 어떻게 변화시켰는가?

"저는 어렸을 때부터 훌륭하게 테니스를 치고 싶다는 꿈을 지니고 있었습니다. 그런데 우리 가족이 이 사업에서 성공하게 되자, 그들은 제가 계속해서 테니스에 몰입할 수 있도록 캘리포니아로 이사를 하였습니다.

우리는 늘 그곳에서 함께 시합을 하였고 저의 테니스 실력이 늘어감에 따라 세계 곳곳에서도 경기를 펼칠 수 있었죠.

그리고 저는 항상 다른 선수의 부모들이 테니스를 치도록 돈을 대주는 것은 보았어도 어떤 시합이든 특히 부모와 함께 하는 시합조차 관전하러 오는 것은 보지 못했습니다. 반면, 우리 어머니와 아버지는 항상 저와 함께 있었지요."

이 사업에 대해 다른 사람들에게 가장 해주고 싶은 말은 무엇인가?

"어떤 사람일지라도 이 사업을 할 수 있습니다. 그리고 무엇보다 중요한 것은 생각보다 성공이 다소 지연될지라도 절대로 낙심하지 않아야 한다는 것입니다. 인내를 발휘하여 꾸준히 노력하면 결국 우리의 모든 꿈을 넘어 성공하게 될 것입니다."

이제 페일러 가족의 삶이 어떻게 극적으로 바뀌었는지에 대해 자세히 알게 되었을 것입니다.
당신의 삶 역시 변화할 수 있습니다.
당신이 원하기만 한다면!

요약

우리는 네트웍 마케팅이 우리가 지금까지 보았던 가장 고상한 직업이라고 생각하였기에 이 사업을 선택했습니다. 우리는 그것이 인간적인 이상을 실현해주고 있다고 보기 때문에 여기에 참여하게 된 것을 자랑스럽게 생각합니다.
하지만 이 사업에서 목표를 달성하기 위해서는 미리 대가를 지불해야 하고 다른 사람이 성공하는 것을 도와주어야 합니다. 그래야만 당신은 보상을 받게 될 것입니다.

당신이 다른 사람들에게 힘을 주면 줄수록 보상은 감정적·재정적으로 더욱 커지게 됩니다. 즉, 당신의 동료를 인격체로 섬김으로써 무제한의 풍성한 수입을 거둘 수 있는 것입니다. 우리는 모든 희망, 열정, 우리 안의 존엄성을 가지고 팀웍을 다지고 있습니다.

이보다 더 훌륭한 직업이 있을까요?
당신이 이 직업에 대해 배우고 그것을 평생의 직업으로 진지하게 고민해 보지 않고 다른 직업을 찾고 있다면 그것은 제가 이제껏 보았던 것 중에 가장 비합리적인 결정이 될 것입니다. 이 사업을 면밀히 검토해보지 않는다는 것은 저로서는 이해할 수 없는 일입니다.

더 나은 삶을 위해 이보다 더 나은 길은 없습니다. 이것이야말로 가장 빠른 속도로 인생의 정상에 도달하기 위한 합리적인 접근 방식입니다.

이미 사업자로 활동하고 있는 사람들은 당신의 머리를 높이 드십시오. 어깨를 쭉 펴고 자랑스럽게 생각하십시오. 당신은 자유기업의 역사에서 가장 위대한 기회에 동참한 사람입니다.

사랑, 열정, 성실함을 가지고 그것을 공유하십시오. 그것은 다른 사람을 섬기는 영예로운 것입니다. 그리고 우리가 당신을 도울 수 있어 영광입니다.

자유와 공헌을 위한 수단

제7장
지금이 아니면 언제?

우리의 희망, 당신의 삶 그리고 도전

우리의 희망은 당신 안에 숨어 있는 엄청난 잠재력을 일깨우는 것입니다. 당신이 누구이고 당신의 현재상황이 어떠한지에 상관없이 당신을 강하고 목적 지향적인 사람으로 만들려는 것입니다.

어떻게 그럴 수 있을까요?

그것은 당신이 스스로를 믿을 수 있다면 가능해집니다. 그렇기 때문에 우리는 당신 스스로 믿음을 갖도록 도우려는 것입니다.

당신이 스스로를 믿는 것처럼 개인적인 수준에서 성공한다면, 전문적인 수준에서는 오히려 더 쉽게 성공할 수 있습니다. 우리는 작지만 진지한 노력으로 합리적인 시간적 여유를 가지고 당신의 꿈을 실현시켜줄 믿기 어려운 재정적 수단을 보여주었습니다.

그리고 우리는 더욱더 커다란 인식을 만들어내기 위해 노력했습니다. 이것을 기억하십니까?
① 당신의 현재 직업, 현재의 위치, 지금 될 수 있는 것, 지금 할 수 있는 것에서 얻을 수 있는 열매는 없습니다.
② 당신의 삶을 바꿔줄 수 있는 검증된 방법이 있습니다.
③ 당신이 원한다면 다른 사람들이 얼마든지 정보를 제공하고 도와줄 것입니다.
④ 우리는 당신에게 원초적인 주요 인생문제, 예를 들어 당신이 왜 살며 현재 어디에 있는지를 발견하도록 돕기 위해 질문을 함으로써 당신에게 도전했습니다.
⑤ 성공을 위해 주요 아이디어를 배우십시오.
⑥ 성공 습관을 개발하십시오.
⑦ 올바른 방법으로 시작하십시오.

당신의 목표를 명확히 설정하면 당신은 목표를 향해 집중할 수 있습니다. 그리고 당신에게 진정으로 중요한 것이 무엇인지를 알게 될 때, 당신의 삶은 변화됩니다. 그리고 자신이 진정으로 원하는 것을 마음속에 그림으로써 우리는 매일 가장 중요한 것이 되고 가장 중요한 것을 해 나가게 됩니다.

당신의 손안에 있는 비둘기

비둘기는 평화의 상징입니다. 당신의 손안에 있는 비둘기를 발견하십시오. 당신이 인생의 진정한 의미와 가치를 발견할 때, 당신의 가슴에 평화가 찾아들 것입니다. 당신에게 옛날 이야기를 들려드리죠.

제가 5살 소년이었을 때, 미시간의 어느 농장에서 살았던 저는 어느 날 한 마리의 비둘기를 발견했습니다. 그 새는 매의 추격을 받았거나 혹은 전깃줄로 인해 상처를 입은 것 같았습니다.

저는 얼른 뛰어가 날지 못하는 그 새를 잡아왔는데 어머니는 나무로 만든 새장에 그 새를 넣어두는 한, 제가 길러도 좋다고 했습니다. 저는 기쁜 마음으로 비둘기를 새장에 넣었습니다.

비둘기를 무척 좋아했던 저는 매일 나뭇잎과 물을 넣어주었고 새장의 밑바닥에 깨끗한 신문을 깔아주었습니다. 그리고 종종 비둘기에게 말을 건네기도 하였습니다.

그러던 어느 날, 저는 끔찍한 비명을 듣게 되었습니다.

제가 침실로 들어갔을 때, 우리의 고양이 톰이 앞발로 새장을 거칠게 굴리며 비둘기를 잡아채려 하고 있었던 것입니다. 불쌍한 새는 새장 안에서 푸드덕거리며 칼날처럼 날카로운 발톱을 피하려 안간힘을 쓰고 있었고 여기저기 깃털이 흩날리고 있었습니다.

화가 난 저는 그 늙은 고양이를 낚아채 바닥에 내던졌습니다. 다행스럽게도 비둘기는 다치지 않았습니다. 그런데 갑자기 이상한 일이 일어났습니다. 비둘기가 드디어 날기 시작한 것입니다.

그 후, 이틀동안 저는 선택의 고민에 빠지고 말았습니다. 저는 제가 가지고 있던 그 무엇보다 비둘기를 많이 사랑했습니다. 그러나 어린 마음에도 비둘기가 노예상태가 아니라 자유를 찾아야 한다는 것을 알고 있었습니다.

그래서 다음 날 아침, 목이 메이고 눈물이 비 오듯 쏟아졌지만 비둘기를 자유롭게 놓아주었습니다.

이것이 바로 도덕입니다.

이제 당신 자신의 삶이 비둘기처럼 되어야 합니다.

당신의 손안에는 지금 당신의 재정적 운명이 쥐어져 있습니다. 즉, 당신은 당신이 꿈꿔온 대로 살아갈 수 있는 힘을 가지고 있는 것입니다.

그렇게 하지 않으면 좌절과 비생산만 남고 결국에는 스스로 만든 감옥 속에 갇히고 맙니다.

당신은 스스로 풍요와 자유를 창출할 수 있습니다. 그렇지 않으면 한계와 슬픔에 젖어 있게 됩니다. 당신은 당신의 인생을 어떻게 하겠습니까?

또한 이 이야기는 당신의 인생 자체를 상징합니다.

물론 당신의 배우자, 사랑하는 사람, 당신의 가족들에게도 마찬가지입니다. 당신은 그들의 삶에 어떻게 영향을 미치겠습니까? 고통을 주겠습니까? 아니면 사랑과 희망, 신뢰를 심어주겠습니까?

우리는 이 책을 통해 당신의 영감을 불러일으키고 싶습니다. 그 영감은 외부로부터 오는 것입니다. 하지만 동기부여는 내부에서 비롯되는 것이죠. 우리가 당신의 영감을 불러일으켰다면 아마도 당신은 스스로 동기부여가 될 것입니다. 만약 그렇게 되었다면 이제 세상을 바라보십시오!

이 책의 내용이 당신을 감동시켰다면 혹시 고통에 울게 했거나 당신의 가슴을 성공에 대한 열정으로 달궈지게 했다면 이제 그것의 의미를 깨달아야 합니다.

당신의 슬픔, 당신의 기쁨은 이제 진실로 당신 자신의 것입니다. 만약 당신이 고통받고 있다면 이제 그것을 끝내십시오. 이 사업에 동참함으로써 그것을 끝내십시오.

우리는 당신의 삶이 행복, 웃음, 풍요, 희망으로 가득한 그곳으로 갈 때까지 함께 여행을 하게 될 것입니다. 우리는 손을 뻗어 당신을 힘껏 도울 것입니다.

그것이 바로 우리의 목적입니다.

함께 풍요로운 삶을 찾아봅시다.

정상을 향해 돌진합시다!

당신은 지금까지 당신이 배웠던 것을 다른 사람과 공유함으로써 시작할 수 있습니다. 가능한 한 많은 사람들에게 그 배움을 나눠주십시오. 그들과 함께 이 책의 복사본을 공유하십시오.

그러한 행동은 당신의 삶을 변화시킬 것이며 보다 현명한 삶으로 이끌어줄 것입니다.

우리의 마지막 도전

▷ 우리는 당신에게 **도구**를 줄 수 있습니다. 그러나 우

리는 당신에게 **의욕**을 줄 수는 없습니다.

▷ 우리는 당신에게 **무엇을 해야 할 지**를 보여줄 수는 있습니다. 그러나 우리가 당신 대신 그것을 할 수는 없습니다.

▷ 우리는 당신에게 시스템을 보여줄 수 있고, 홍미진진한 가능성을 보여줄 수는 있습니다. 그러나 우리가 당신에게 필요한 **의지력**을 줄 수는 없습니다.

▷ 우리는 다른 사람들이 어떻게 성공했는지를 보여줄 수는 있습니다. 그러나 우리는 당신을 성공하게 할 수는 없습니다. 그것은 **당신에게 달려 있습니다!**

이제 당신의 남은 인생을 변화시키기 위해 결단을 내려야 합니다.

지금 당장 결단을 내리십시오!

당신의 마음속에 모든 것이 아직 생생하게 남아 있는 **지금**이 이 책을 당신에게 준 사람에게로 돌아갈 좋은 때입니다. 지금은 네트웍 마케팅을 통해 더 나은 삶을 창조할 수 있는 좋은 시기입니다.